SCHNELL ANLEITUNG

Thorsten Petrowski

Excel 4

DATA BECKER

Copyright	© 1992 by DATA BECKER GmbH Merowingerstr. 30 4000 Düsseldorf 1
	1. Auflage 1992
Lektorat	Thorsten Petrowski
Schlußredaktion	Iris Trzaska
Umschlaggestaltung	Werner Leinhos
Titelfoto	Sascha Kleis
Text verarbeitet mit	Word 5.0, Microsoft
Belichtung	MAC, Studio für Satz und Design GmbH, Düsseldorf
Druck und buchbinderische Verarbeitung	Paderborner Druck Centrum, Paderborn

Alle Rechte vorbehalten. Kein Teil dieses Buches darf in irgendeiner Form (Druck, Fotokopie oder einem anderen Verfahren) ohne schriftliche Genehmigung der DATA BECKER GmbH reproduziert oder unter Verwendung elektronischer Systeme verarbeitet, vervielfältigt oder verbreitet werden.

ISBN 3-89011-656-6

Wichtiger Hinweis

Die in diesem Buch wiedergegebenen Verfahren und Programme werden ohne Rücksicht auf die Patentlage mitgeteilt. Sie sind für Amateur- und Lehrzwecke bestimmt.

Alle technischen Angaben und Programme in diesem Buch wurden vom Autor mit größter Sorgfalt erarbeitet bzw. zusammengestellt und unter Einschaltung wirksamer Kontrollmaßnahmen reproduziert. Trotzdem sind Fehler nicht ganz auszuschließen. DATA BECKER sieht sich deshalb gezwungen, darauf hinzuweisen, daß weder eine Garantie noch die juristische Verantwortung oder irgendeine Haftung für Folgen, die auf fehlerhafte Angaben zurückgehen, übernommen werden kann. Für die Mitteilung eventueller Fehler ist der Autor jederzeit dankbar.

Wir weisen darauf hin, daß die im Buch verwendeten Soft- und Hardwarebezeichnungen und Markennamen der jeweiligen Firmen im allgemeinen warenzeichen-, marken- oder patentrechtlichem Schutz unterliegen.

Vorwort

Kennen Sie das?

Gerade haben Sie ein neues Software-Produkt erworben, packen es aus, und dann....

Handbücher türmen sich vor Ihnen auf.

Eigentlich wollten Sie mit dem Programm produktiv sein und nicht erst ganze Anleitungs-Romane lesen.

Vielleicht steigen Sie aber auch nur von einer anderen Programmversion um und möchten nicht wieder von vorne anfangen.

Es müßte doch ein Buch geben, das Ihnen das nötige Grundwissen schnell und unkompliziert vermittelt ...

Mit dieser Schnellanleitung halten Sie unsere Antwort auf dieses Problem in den Händen.

Die Schnellanleitung hilft Ihnen, sich in kürzester Zeit das nötige Wissen anzueignen, um mit dem Programm Ihrer Wahl umgehen zu können.

- Viele praxisorientierte Beispiele zeigen Ihnen dabei, wie man das Programm effizient einsetzt.

- Jedes Kapitel ist in eine Aufwandsskala von 1 bis 5 eingeordnet - ein kleines Symbol in der Kopfleiste zeigt Ihnen an, wie komplex jedes Kapitel ist, wieviel neues Wissen Sie erwartet.

 bis

Die Einteilung reicht dabei von einem Kasten (sehr leicht) bis fünf Kästen (komplex). Somit können Sie für jedes Kapitel absehen, wieviel Wissen Sie erwartet, und dementsprechend Ihre Zeit einteilen.

- Die Kapitel enthalten Zusammenfassungen, die das gelernte Wissen noch einmal komprimiert und übersichtlich zur Verfügung stellen.

- Am Ende des Buches finden Sie einen Referenzteil, der Ihnen wissenswerte Details des Programms noch einmal zum Nachschlagen bereitstellt.

Wir hoffen, Ihnen mit dieser Schnellanleitung möglichst viel Know-how mit auf den Weg in Ihr neues Programm zu geben.

Sollten Sie in diesem Buch etwas vermissen oder etwas besonders gut finden, lassen Sie es uns wissen!

Ihr DATA BECKER Lektorat

Inhaltsverzeichnis

1. **Der Einstieg** 11
   - 1.1 Excel 4 installieren (Einzelplatz) 11
   - 1.2 Installation auf einem Netzwerk (Mehrplatz) . 14
   - 1.3 Excel-4-Bildschirmelemente 15
   - 1.4 Windows-Elemente 17

2. **Tabelle erstellen** 21
   - 2.1 Das Beispiel 22
   - 2.2 Neue Tabelle anlegen 22
   - 2.3 Titel eingeben 25
   - 2.4 Neue Tabelle speichern 31
   - 2.5 Zahlen eingeben 34
   - 2.6 Blockoperationen 36

3. **Einfache Berechnungen** 41
   - 3.1 Zahlenformat 42
   - 3.2 Darstellung 46
   - 3.3 Formeln verwenden 53
   - 3.4 Felder aufzeichnen 60
   - 3.5 Bereiche benennen 62
   - 3.6 Kontext-Menüs 67
   - 3.7 Druckformate definieren 68
   - 3.8 Rückgänig machen und wiederholen 70

4. **Grafische Gestaltung** 72
   - 4.1 Autoformatieren - Excel als Gestalter 72
   - 4.2 Gestalten mit der Symbolleiste 76
   - 4.3 Manipulation von Tabellen-Elementen 79
   - 4.4 Excel und OLE 83

5. **Diagramme** 86
   - 5.1 Diagrammdaten vorbereiten 87
   - 5.2 Diagrammtyp wählen 88
   - 5.3 Diagrammbeschriftung 89

5.4	Nachbearbeitung eines Diagramms	92
5.5	Diagramm-Editor Modus	93

6. Drucken 99
| 6.1 | Die Seitenvorschau | 99 |

7. Excel-Details 106
7.1	Zellschutz	106
7.2	Notizen	109
7.3	Reihen berechnen	111
7.4	Arbeiten mit mehreren Tabellen	113
7.5	Arbeitsmappen	116
7.6	Makros	120

8. Datenbanken 124
8.1	Datenbank anlegen	124
8.2	Datenbank bearbeiten	125
8.3	Suchfunktionen	127
8.4	Sortierung	130
8.5	Datenbankoperationen in der Tabelle	132
8.6	Daten extrahieren	133
8.7	Funktionen in der Tabelle	135

9. Excel für Profis 136
9.1	Symbolleiste verändern	136
9.2	Der Add-In-Manager	138
9.3	Zusatzprogramme	138
9.4	Einstellungen	139
9.5	Weitere Funktionen	140
9.6	Hilfe anwenden	140

10. Referenz 141
10.1	Funktionen	141
10.2	Tastaturkombinationen	151
10.3	Fehlercodes	153

Stichwortverzeichnis 154

Der Einstieg

1. Der Einstieg

Der Charakter der PC-Tabellenkalkulation hat sich gewandelt. Anfangs als reine Rechenmaschinen mißbraucht, wurden die Tabellenkalkulationen immer umfangreicher. Mathematische und statistische Funktionen kamen dazu, Makroprogrammierung und Grafik wurden eingeführt.

Mit Windows setzte sich der Siegeszug der Tabellenkalkulationen fort. Einfache, leicht zu verstehende Oberflächenelemente vereinfachen die Arbeit mit dem nüchternen Zahlenmaterial. Mit Excel 4 hat die Entwicklung dieses Marktsegmentes einen neuen Höhepunkt erreicht. Von der einfachen Tabellenkalkulation ist nicht mehr viel übrig. Vielmehr hat sich Excel zu einem multifunktionalen Rechen-, Präsentations- und Gestaltungswerkzeug gemausert. Grund genug, sich diesem Thema in einer Schnellanleitung zu widmen, um dem Anwender die Arbeit mit diesem inzwischen sehr mächtigen Programm zu erleichtern, und den Umstieg von anderen Programmen oder Versionen zu vereinfachen.

1.1 Excel 4 installieren (Einzelplatz)

Die Installation von Excel auf einen einzelnen Computer verläuft recht simpel.

Sie sollten einen 80386-PC mit mindestens 2 MByte Hauptspeicher und etwa 10 MByte freier Festplattenkapazität besitzen.

Systemvoraussetzungen

Auf dem PC muß bereits Windows 3 installiert sein. Um alle Excel-Fähigkeiten im vollem Umfang nutzen zu können, sollten Sie Windows 3.1 einsetzen. Starten Sie zur Installation nun Windows, das geschieht im Normalfall über die Eingabe von

```
WIN
```

Der Einstieg

Klicken Sie im Programm-Manager oben links in der Menüleiste auf *Datei*. Daraufhin wird ein Menü geöffnet, in dem Sie dann auf *Ausführen..* klicken.

Windows öffnet ein Fenster, in dem Sie in das Feld unter *Befehlszeile* klicken. Je nach verwendetem Diskettenlaufwerk tippen Sie nun entweder

    A:\SETUP

für das Diskettenlaufwerk A, oder

    B:\SETUP

bei der Verwendung von Diskettenlaufwerk B ein.

Abschließend drücken Sie ⌈Return⌉. Der Installationsvorgang beginnt. Als erstes wird in einem Dialogfenster gemeldet, daß der Installationsvorgang beginnt. Danach öffnet das Installationsprogramm einen eigenen Bildschirm.

▼ *Achtung*   Bei der ersten Installation läßt Sie das Installationsprogramm einen Namen und eine Firma eintragen. Nehmen Sie diese Eintragungen bitte ernst, sie werden auf der Diskette "verewigt", und in den von Ihnen erzeugten Dateien eingetragen, so daß jederzeit der Ursprung einer Excel-Datei zurückverfolgt werden kann.

Unterbrechen   Sie können von nun an die Installation zu (fast) jedem Zeitpunkt durch Drücken von ⌈F3⌉ unterbrechen. Als nächsten Schritt fragt Excel nach dem Verzeichnis, in dem Excel 4 installiert werden soll.

✎ *Tip*   Wenn Sie auf Ihrer Festplatte bereits eine frühere Excel-Version eingerichtet haben, sollten Sie das entsprechende Verzeichnis angeben. Excel überschreibt dann die alte Version - so sparen Sie Speicherplatz. Sofern das Installationsprogramm auf der angegebenen Festplatte genügend freien Speicherplatz findet, wird der Installationsvorgang damit fortgesetzt, daß Excel nach der Art der Installation fragt.

Der Einstieg

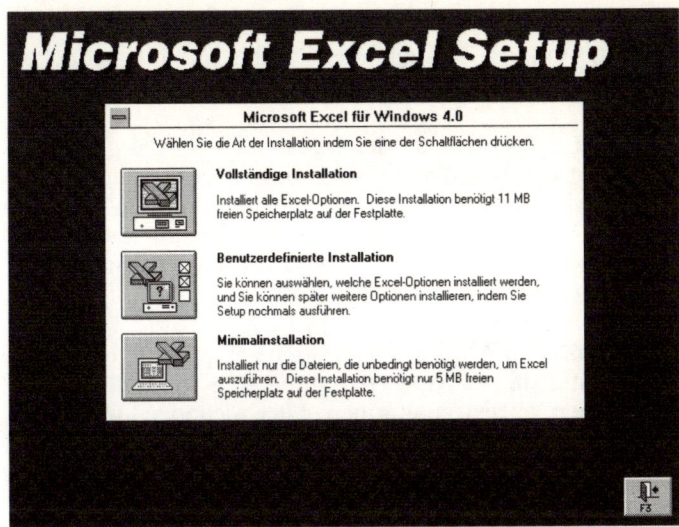

Abbildung 1: Installations-Art

Folgende Installationen sind möglich:

Installations-Arten

Vollständige Installation

Alle Excel-Dateien, Beispiele etc. werden installiert. Speicherbedarf auf der Festplatte ist 11 MByte.

Benutzerdefinierte Installation

Bei der benutzerdefinierten Installation können Sie aus einer Auswahl die zu installierenden Excel-Elemente auswählen. Der Speicherbedarf hängt dabei von den angewählten Elementen ab.

Minimale Installation

Es werden nur die "lebenswichtigen" Excel-Dateien installiert (keine Zusatzmodule etc.). Dadurch werden nur 5 MByte Festplattenspeicher benötigt.

Der Einstieg

 *Hinweis*

Im Normalfall sollten Sie *Vollständige Installation* auswählen, um auch wirklich alle Features und Möglichkeiten nutzen zu können.

Nachdem Sie so die Art der Installation festgelegt haben, informiert das Installationsprogramm darüber, daß Sie einige Möglichkeiten haben, Excel kompatibel zu einigen Lotus-1-2-3-Funktionen zu machen. Sofern Sie dieses Thema nicht interessiert, können Sie die entsprechende Nachfrage getrost mit *Nein* beantworten.

Als nächstes fragt das Installationsprogramm, ob es eigenmächtig die CONFIG.SYS Ihres PC's verändern darf. Sie können getrost zustimmen, Excel schadet Ihrer CONFIG nicht, außer den Pfad auf Excel 4 zu erweitern, so daß das Programm beim Aufruf gefunden wird.

Kopiervorgang

Als nächsten Schritt überspielt das Installationsprogramm nach und nach alle Dateien von Diskette auf die Festplatte. Während dieses Vorgangs werden Sie ab und zu zum Wechseln der Diskette aufgefordert. Kommen Sie diesen Aufforderungen dann entsprechend nach, und bestätigen Sie jeweils mit `Return`.

Nachdem die Installation komplett beendet ist, baut das Installationsprogramm im Programm-Manager die Excel-4-Programmgruppe auf.

1.2 Installation auf einem Netzwerk (Mehrplatz)

Um Excel 4 auf einem Netzwerk einzusetzen, gelten grundsätzlich dieselben Voraussetzungen wie bei der Einzelplatz-Installation. Zusätzlich müssen Sie über entsprechend viele Excel-Lizenzen verfügen, um das Programm auf jeder Arbeitsstation ohne Copyright-Verletzung einsetzen zu dürfen.

Um Excel auf dem Netzwerk-Server zu installieren, sollten Sie sich als Netzwerk-Supervisor einloggen. Sie haben da-

Der Einstieg

durch kompletten Zugriff auf alle Verzeichnisse (was notwendig ist). Dann Installieren Sie Excel auf dem Server bzw. auf der Festplatte des Servers, und wählen als Installation *Server*-Installation aus. Die restlichen Schritte laufen praktisch analog zur Einzelplatz-Installation. Auf den einzelnen Arbeitsstationen rufen Sie nach beendeter Server-Installation ebenfalls das Excel-Setup aus, wählen jedoch die *Arbeitsstation*-Installation. Excel kopiert dann einige wichtige Dateien in das Systemverzeichnis des Anwenders. Nach beendeter Server/Arbeitsstation-Installation kann von jeder Workstation aus die Excel-Installation des Servers benutzt werden.

Fern-Installation

Alternativ gibt es noch die Möglichkeit, von der Festplatte des Servers auf die lokale Platte der Arbeitsstation zu installieren. Wenn Excel bereits auf dem Server installiert ist, rufen Sie von der Arbeitsstation aus das Excel-Setup auf, und lassen Excel komplett auf Ihrer lokalen Festplatte installieren. Diese Vorgehensweise ist wesentlich schneller als die Installation von Diskette.

1.3 Excel-4-Bildschirmelemente

Nachdem Sie Excel 4 auf Ihrer Festplatte installiert haben, sollen die Excel-4-Grundlagen näher beleuchtet werden.

Öffnen Sie nun die Excel-4-Programmgruppe, und klicken Sie das Excel-Symbol doppelt an. Alternativ können Sie das Symbol auch nur einmal anklicken, und dann aus dem *Datei*-Menü *Öffnen* auswählen. Sie können auch Windows starten, und den Namen des zu startenden Programmes gleich mit übergeben:

Excel starten

```
WIN EXCEL
```

Welchen Weg Sie auch gewählt haben, Excel wird nun geladen. Ist das beendet, sehen Sie im Normalfall in etwa folgendes Bild:

Der Einstieg

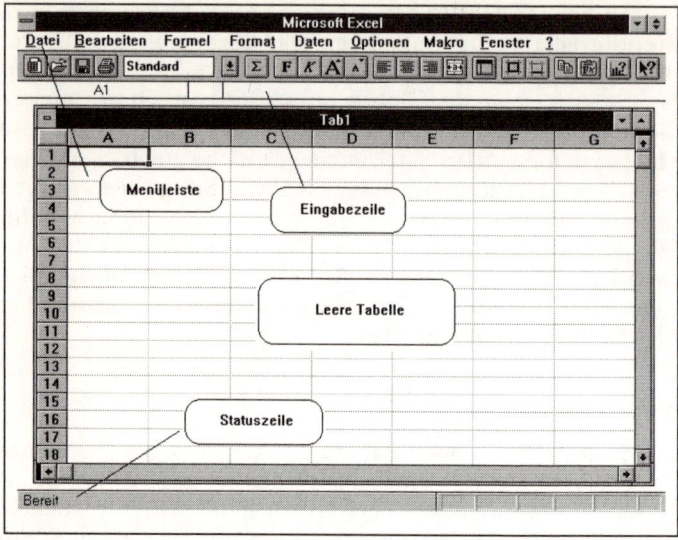

Abbildung 2: Excel 4 Bildschirmaufbau

Excel arbeitet mit den Fähigkeiten der Windows-Umgebung. Neben den Fenstern (die Ihnen vielleicht schon ein Begriff sind), arbeitet Excel auch mit Schaltflächen, Rollbalken etc. - sprich mit allen Windows-typischen Elementen. Der Excel-Bildschirm an sich läßt sich in folgende Bereiche unterteilen:

Befehlsbereich Im oberen Teil des Bildschirms sehen Sie die Menüleiste, die die Begriffe *Datei, Bearbeiten, Formel, Format, Daten, Optionen, Makro, Fenster* und *?* enthält. Diese Begriffe stehen für Funktionsgruppen. Wenn Sie einen der Begriffe anklicken, klappt eine Liste der darin enthaltenen Funktionen herunter, Sie haben somit ein Menü geöffnet.

Symbolleiste In der Zeile darunter finden Sie verschiedene Symbole als Schaltflächen. Die Leiste wird auch als Symbolleiste (Toolbar) bezeichnet, und enthält oft benötigte Funktionen, die dann durch einmaliges Anklicken sofort verfügbar sind.

Der Einstieg

Bei der Zeile darunter handelt es sich um die sogenannte Eingabezeile. In diesem Feld können Eingaben für die Tabelle gemacht oder verändert werden. Sie können also in der Eingabezeile einen Ausschnitt der Tabelle bearbeiten.

Eingabezeile

Dominiert wird der Excel-Bildschirm von einer leeren Tabelle. Eine solche Tabelle nimmt die zu bearbeitenden Daten und Formeln auf.

Tabellen

Unterhalb der Tabelle findet sich die Statuszeile. Ihr können Sie Meldungen entnehmen, wenn Excel Funktionen durchführt oder Fehler meldet. Im Normalfall erscheint hier "Bereit". Zusätzlich dazu blendet Excel im rechten Teil dieser Zeile den Zustand der Tasten [NumLock], [CapsLock], [ScrolLock] ein.

Statuszeile

1.4 Windows-Elemente

Excel 4 benutzt die Windows-typischen Elemente. Sollten Sie damit noch nicht so vertraut sein, hier eine kurze Zusammenfassung:

Mauszeiger

Der Mauszeiger ist der kleine Pfeil, der den Bewegungen der Maus folgt, und praktisch Ihr verlängerter Arm auf dem Bildschirm ist.

Klicken

Um z.B. eine Funktion auszuführen, bewegen Sie den Mauszeiger auf eine bestimmte Stelle auf dem Bildschirm und drücken einmal kurz die linke Maustaste.

Menüs

Menüs sind Befehlslisten eines Bereiches, die unter einem Stichwort zusammengefaßt werden. Dieses Wort wird

Der Einstieg

dann in einer der ersten Zeilen des Bildschirms dargestellt. Wenn Sie dieses Wort anklicken, klappt das komplette Menü herunter.

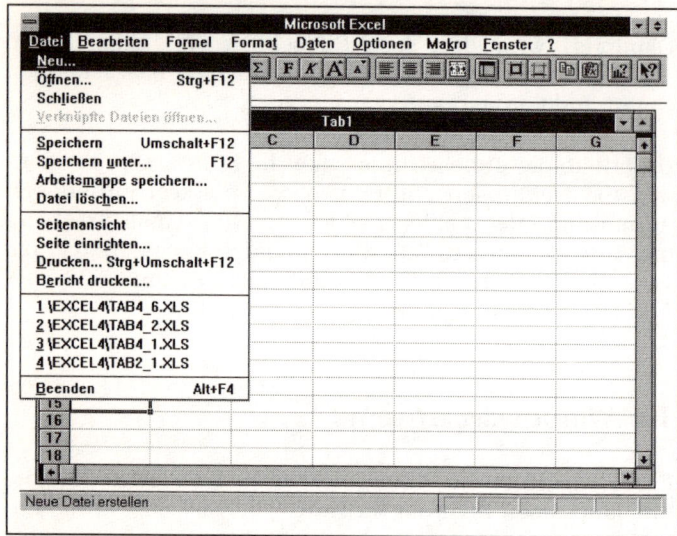

Abbildung 3: Heruntergeklapptes Menü

Fenster

Ein Fenster ist eine Art eigener Mini-Bildschirm, der bewegt, vergrößert und verkleinert werden kann.

Excel benutzt für jede Tabelle ein eigenes Fenster. Solche Fenster lassen sich in der Größe verändern, verschieben oder auch als Symbol "auf Eis" legen.

Der Einstieg

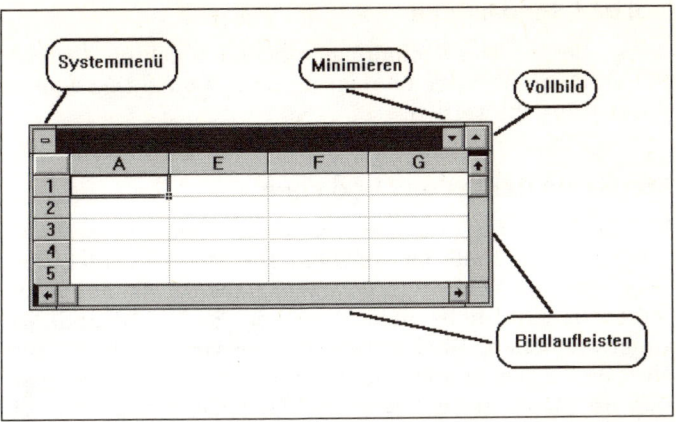

Abbildung 4: Fenster & Co.

Systemmenü

Eigenständige Fenster haben ein Systemmenü. Dieses können Sie über ein kleines Symbol öffnen.

Mit Hilfe des Systemmenüs können Sie ein Fenster z.B. schließen, verschieben o.ä.

Schaltfläche

Eine Schaltfläche ist ein kleines Symbol (meistens mit Beschriftung), mit der Sie eine Funktion auslösen können. Durch Anklicken wird eine Schaltfläche ausgelöst.

Minimier-Schaltfläche

Die meisten Fenster haben oben rechts zwei Schaltflächen. Mit der linken minimieren Sie das Fenster, es wird zu einem Symbol. Wenn Sie das Symbol anklicken, öffnet sich das Systemmenü, und Sie können es wieder auf Originalgröße bringen.

— **Der Einstieg** ⎯⎯⎯⎯⎯⎯⎯⎯⎯⎯⎯⎯⎯⎯⎯⎯⎯⎯⎯⎯⎯⎯

Vollbild-Schaltfläche

Neben der *Minimier*-Schaltfläche befindet sich die *Vollbild*-Schaltfläche. Fenster können damit auf volle Bildschirmgröße gebracht werden.

Menüs mit der Tastatur bedienen

Neben der Benutzung mit der Maus können Sie Menüs auch mit der Tastatur aufrufen. Die Menü-Überschriften und auch die Menüeinträge selber haben meist einen unterstrichenen Buchstaben. Drücken Sie `Alt` und den unterstrichenen Buchstaben des gewünschten Menüs, wird dieses heruntergeklappt. Dann drücken Sie die Taste des im Menüeintrag unterstrichenen Buchstabens - die Funktion wird ausgeführt.

Excel installieren

Windows starten
Datei/Ausführen anwählen
A:\SETUP oder B:\SETUP eingeben
Installation beginnt

Tabelle erstellen

2. Tabelle erstellen

Aller Anfang ist schwer. Deswegen stürzen wir Sie in diesem Kapitel nicht gleich in irgendwelche komplizierte Formeln, sondern Sie lernen Schritt für Schritt, wie einfach Excel ist, wenn man weiß, wie's geht. Wie schon erwähnt, ist der Dreh- und Angelpunkt in Excel die Tabelle. Eine Tabelle können Sie sich wie ein Blatt mit Rechenkästchen vorstellen.

Die einzelnen Reihen werden durchnumeriert und die Spalten mit fortlaufenden Buchstaben versehen. So hat man durch eine Buchstabe/Zahlenkombination jederzeit Zugriff auf jedes Kästchen und kann jede Position adressieren.

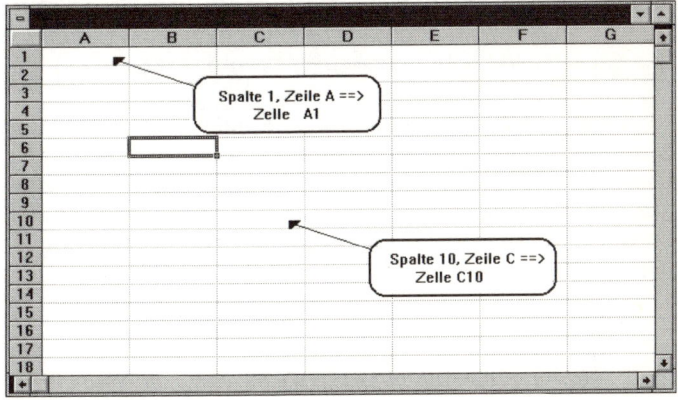

Abbildung 5: Tabelle und Kästchen

Die Kästchen, die Sie in der Tabelle sehen, nennt Excel "Zellen".

Eine Zelle kann zwei Aufgaben übernehmen:

1. Eine Zelle kann als Wertspeicher dienen, also Zahlen, Text oder andere Daten enthalten.

Tabelle erstellen

2. Eine Zelle kann ein Ergebnis aufnehmen. Dazu wird in die Zelle, in die das Ergebnis geschrieben werden soll, die Formel geschrieben, mit der gerechnet wird.

Sie können die Zellen also wie Kästchen eines Rechenblattes benutzen. Wenn in einer Zelle nicht gerechnet werden soll, kann sie auch Text aufnehmen, der z.B. zur Erläuterung einer Nachbarzelle dienen kann.

2.1 Das Beispiel

Als Beispiel für die grundsätzlichen Tabellenfunktionen soll eine Aufgabe dienen, die sowohl im privaten als auch beruflichen Bereich immer wieder auftritt: Eine Einnahme/Ausgabenverwaltung. Am Ende des Geldes ist oft noch Monat übrig. Wenn Sie sich die Mühe machen und einmal mehrere Monate hintereinander Ihre Einnahmen und Ausgaben festhalten, läßt sich genau analysieren, wo das ganze Geld bleibt (Computer, Urlaub, Auto etc.).

Übertragen gilt das gleiche im Geschäft. Ausgaben und Einnahmen sollte man immer genauestens festhalten. Diese erste Beispiel ist zwar auf den privaten Gebrauch ausgelegt, läßt sich aber nach Studium des restlichen Buches leicht auch für den professionellen Einsatz modifizieren.

2.2 Neue Tabelle anlegen

Vorbereiten

Bevor Sie Daten in eine Tabelle eingeben, muß diese angelegt werden. Rufen Sie nach dem Start von Excel dazu *Datei/Neu* auf.

Ein Dialogfenster wird geöffnet, in dem Sie die Art der neuen Datei bestimmen können:

Tabelle erstellen

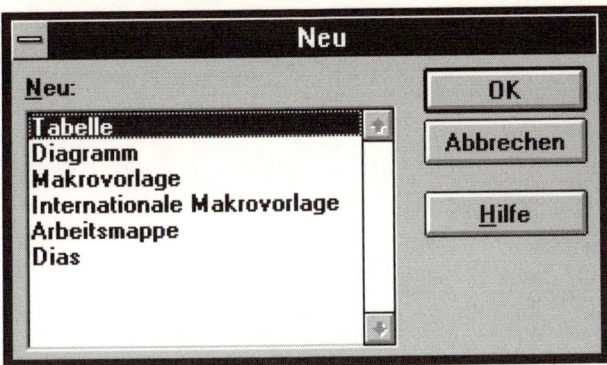

Abbildung 6: Dateityp wählen

Alternativ können Sie auch die Schaltfläche *Neue Tabelle* in der Werkzeugleiste anklicken.

Auf dem Bildschirm wird eine neue Tabelle dargestellt.

Sie sollten nun nicht einfach irgendwelche Daten in die Tabelle eingeben, sondern sich vorher schon Gedanken über den Aufbau machen.

Logik

Da jede Zeile (horizontal!) alphabetisch beschriftet ist und die Spalten numerisch, bietet es sich an, die Zeilen für die einzelnen Rubriken, und die Spalten für die Monate zu benutzen.

Auf dem Arbeitsblatt sehen Sie eine stärker umrahmte Zelle. Diese Umrahmung ist der Eingabecursor. Er markiert die Zelle, die Sie gerade bearbeiten, oder bearbeiten werden.

Der Cursor

Sie können den Cursor auf eine andere Zelle bewegen, indem Sie sie mit der linken Maustaste anklicken. Der Eingabecursor wird dann an die entsprechende Stelle bewegt.

Möchten Sie die Tastatur benutzen, so geht das über folgende Tasten:

Tabelle erstellen

Funktion	Tasten
1x Rechts	[→]
1x Links	[←]
Hoch	[↑]
Nach unten	[↓]
Erste Zelle der Zeile	[Home]
Letzte Zelle der Spalte	[End]
Eine Seite vor	[PgDn]
Eine Seite zurück	[PgUp]
Nach rechts blättern	[Ctrl]+[PgUp]
Nach links blättern	[Ctrl]+[PgDn]
Erste Spalte	[Ctrl]+[↑]
Erste Zeile	[Ctrl]+[←]
Letzte Spalte	[Ctrl]+[↓]
Letzte Zeile	[Ctrl]+[→]

Bildausschnitt Auf dem Bildschirm sehen Sie immer nur einen Teil des eigentlichen Arbeitsblattes, da ein Blatt über 4 Millionen Zellen aufnehmen kann.

Wenn Sie den Cursor mit der Tastatur aus dem aktuellen Bereich herausbewegen, so verschiebt Excel den sichtbaren Bereich der Tabelle, die Tabelle wird gescrollt. Sie können jedoch auch einen anderen Ausschnitt auswählen, ohne die Tastatur zu benutzen.

Klicken Sie dazu auf den Knopf der entsprechenden Bildlaufleiste, die sich um die Tabelle herum befindet.

Abbildung 7: Bildlaufleiste

Halten Sie die linke Maustaste gedrückt, und verschieben Sie die Maus (je nach Bildlaufleiste) horizontal oder vertikal. Das Ergebnis sehen Sie direkt: es wird ein anderer Tabellenausschnitt dargestellt.

Tabelle erstellen

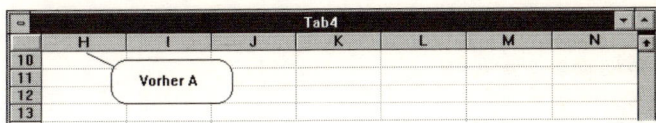

Abbildung 8: Ausschnitt verschoben

Nachdem Sie nun wissen, wie Sie beliebige Stellen der Tabellen "erreichen", soll endlich die eigentliche Tabelle entstehen. Wie schon erwähnt, sollen die Privatausgaben verwaltet werden. Folgende Posten verwaltet unser Beispiel:

Einnahmen	Ausgabe
Gehalt	
Sonstiges	
	Miete
	Auto
	Bank
	Essen
	Diverses

Als Ergebnis daraus soll in der letzten Spalte der aktuelle Saldo eingetragen werden.

Tabelle erstellen

Datei/Neu aufrufen
Als Typ *Tabelle* wählen
Zellen per Tastatureingabe ausfüllen

2.3 Titel eingeben

Als erstes soll das Feld "Monat" in die Tabelle eingetragen werden. Dazu klicken Sie entweder direkt auf die Zelle A1, oder Sie bewegen den Cursor mit den Tasten und drücken dann `Return`. Nun tritt die Eingabezeile in Aktion.

Feld eingeben

Tabelle erstellen

![Eingabezeile mit A1]

Abbildung 9: Eingabezeile

Sobald Sie den ersten Buchstaben getippt haben, erscheint im Eingabefeld ein weitere Schreibmarke (Cursor), in Form eines Striches. Sie können nun das Wort "Monat" eingeben. Wenn Sie sich vertippen, können Sie die Zeile wie in einer Textverarbeitung mit ←, →, Del etc. bearbeiten. Während der Bearbeitung wird Ihnen am Anfang der Eingabzeile ständig angezeigt, welche Zelle Sie gerade verändern.

Eingabe bestätigen

Haben Sie das Wort eingegeben so können Sie mit Return bestätigen, oder das Häkchen in der Eingabezeile anklicken. Das Wort wird nun aus der Zeile in die Zelle A1 übernommen.

Möchten Sie die Eingabe verwerfen (also rückgängig machen), klicken Sie das Kreuz in der Eingabezeile an. Alternativ können Sie auch einfach die Esc-Taste drücken.

Wenn Ihnen auffällt, daß Sie irgendwo eine Zelle vergessen haben, können Sie Zeilen oder Spalten auch nachträglich noch einfügen. Drücken Sie dazu Shift+Leertaste, um eine Zeile einzufügen und Ctrl+Leertaste um eine Leerspalte einzufügen.

Eingaben ändern

Möchten Sie nachträglich etwas an den eingegebenen Daten ändern, so bewegen Sie den Cursor wieder auf die entsprechende Zelle, oder klicken sie an. Dann klicken Sie die Eingabezeile, in der inzwischen der Zelleninhalt erschienen ist, an. Alternativ können Sie auch F2 drücken.

Wie bei der Eingabe können Sie nun ändern, löschen oder neu eingeben. Mit der Taste Ins können Sie zwischen Einfügen und Überschreiben hin- und herschalten. Mit Return oder dem Häkchen können Sie die Änderungen dann bestätigen.

Tabelle erstellen

Zelle löschen

Haben Sie fälschlich etwas in eine Zelle eingegeben, so können Sie die Zelle auf zwei Arten löschen:

Löschen durch Überschreiben

Klicken Sie die neue Zelle an, und geben Sie den neuen Wert ein. Übernehmen Sie ihn mit `Return`.

Löschen der Zelle

Klicken Sie die zu löschende Zelle an, und drücken Sie `Del`. Den daraufhin erscheinenden Dialog bestätigen Sie mit `Return` oder über die *OK*-Schaltfläche - der Zelleninhalt wird gelöscht.

Herauslöschen von Zellen

Wenn Sie eine ganze Kolonne von Zahlen eingegeben haben und feststellen, daß Sie z.B. eine Zahl doppelt eingegeben haben, so ist das kein Beinbruch. Rufen Sie *Bearbeiten/Zellen löschen* auf. Ein Dialogfenster erscheint:

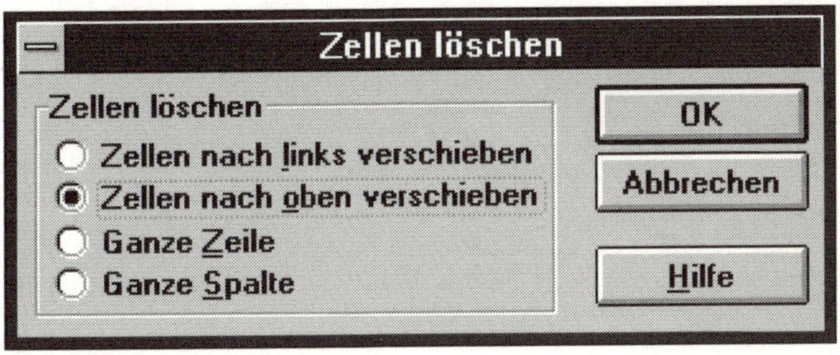

Abbildung 10: Zellen löschen

Folgende Möglichkeiten stehen Ihnen beim Löschen von Zellen zur Verfügung:

Zellen nach links verschieben

Die Zelle wird gelöscht, und die restlichen Zellen der Zeile rücken von rechts an die gelöschte Stelle.

Tabelle erstellen

Zellen nach oben verschieben

Auch hierbei wird die Zelle gelöscht, jedoch rutschen die Zellen von unten an den gelöschten Platz.

Ganze Zeile

Diese Funktion löscht die gesamte Zeile.

Ganze Spalte

Analog können Sie hiermit die ganze Zeile löschen.

 *Tip*

Nach demselben Prinzip funktioniert auch das Einfügen von Zellen. Rufen Sie dazu *Bearbeiten/Zellen einfügen* auf. Die entsprechende Aktion können Sie dann mit *OK* auslösen. Geben Sie nun auf die Art und Weise die restlichen Überschriften "Gehalt", "Sonstiges +", "Miete", "Auto", "Bank", "Essen", "Diverses", "Saldo", sowie die Zeilentitel "Januar", "Februar" usw. ein. Ist das beendet, sollte Ihr Arbeitsblatt in etwa so aussehen:

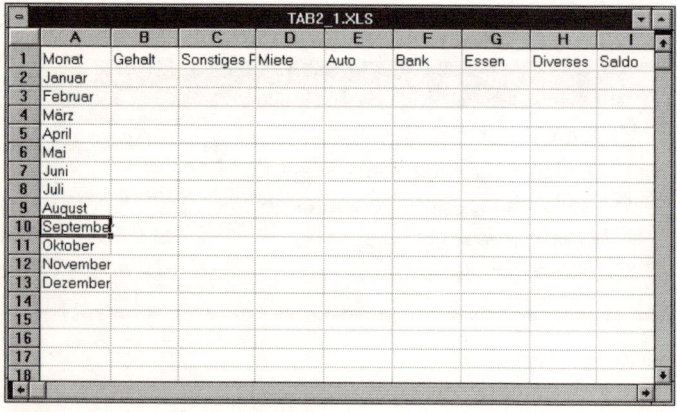

Abbildung 11: Arbeitsblatt (Titel fertig)

Nach Eingabe der Titel fällt Ihnen vielleicht auf, daß die Begriffe "September" und "Sonstiges +" nicht ganz in die Zellen passen und dadurch aus den Rahmen hervorragen. Bei minimalen "Übergrößen" ist das kein Problem. Schwie-

Tabelle erstellen

rig wird es erst dann, wenn der Text (oder die Daten) in der Zelle wesentlich länger sind, als die Zelle es zuläßt. In diesem Fall wird ein Teil des Inhalts nicht dargestellt.

Daten in einer Zelle werden nur auf dem Arbeitsblatt abgeschnitten. Intern wird nichts verändert. Wenn Sie die Zelle editieren, wird in der Eingabezeile wieder der vollständige Inhalt bereitgestellt.

Hinweis

Zurück zum Fall des überlangen Zelleninhaltes. Das Problem ist recht leicht zu lösen, indem die Zellengröße verändert wird.

Um die Breite einer Zelle zu verändern, gehen Sie folgendermaßen vor: Bewegen Sie den Mauszeiger auf den Koordinaten-Buchstaben oberhalb der Zelle. Dann bewegen Sie die Maus auf den rechten Rand dieses Buchstabens. Der Mauszeiger verwandelt sich in einen Links-Rechts-Zeiger.

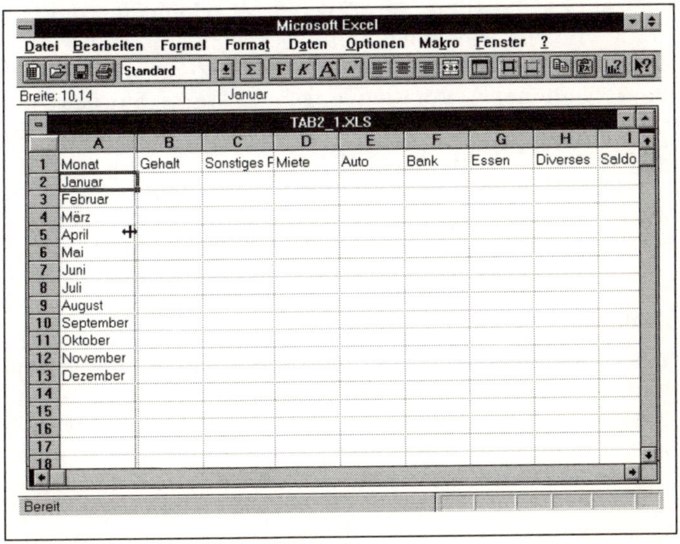

Zellenbreite verändern

Abbildung 12: Zelle verbreitern

29

— **Tabelle erstellen** ————————————————————

Drücken Sie nun die linke Maustaste und halten Sie sie gedrückt. Wenn Sie daraufhin die Maus nach links oder rechts verschieben, können Sie die Zelle "verbreitern" oder schmaler machen.

Zellenhöhe ändern

Neben der Breitenänderung einer Spalte können Sie auch die Höhe einer Zeile verändern. Dazu bewegen Sie die Maus nach links in die Spalte mit der Numerierung (1,2,3 usw.). Wenn Sie den Mauszeiger auf den unteren Teil einer Numerierungsschaltfläche bewegen, erscheint wieder der Ihnen schon bekannte Größenzeiger, und Sie können ebenfalls durch Anklicken, Festhalten und Verschieben die Höhe ändern.

Verändern Sie für unser Beispiel die Breite der Spalten "Monat" und "Sonstiges +".

Zeilenhöhe global

Sie können die Höhe der Zeilen auch global für die gesamte Tabelle einstellen. Das geschieht über *Format/Zeilenhöhe*. Im Eingabefeld *Zeilenhöhe* können Sie dann die Zeilenhöhe in Punkten angeben. Wenn Sie das Ankreuzfeld *Standardhöhe* aktivieren, gilt der Wert für alle Zeilen, sonst nur für die aktuelle.

Tip

Mit den Schaltflächen *Ausblenden* und *Einblenden* können Sie auch einzelne Zeilen temporär ausblenden.

Spaltenbreite global

Neben der Höhe läßt sich auch die Spaltenbreite verändern. Bewegen Sie dazu den Zellcursor auf die zu beeinflußende Zelle und wählen Sie im *Format*-Menü *Spaltenbreite* an. Eine Dialogbox wird geöffnet, in der Sie dann im Eingabefeld *Spaltenbreite* die gewünschte Breite einstellen können.

Hinweis

Auch hier können Sie den Wert mit *Standardbreite* globalisieren oder mit *Ausblenden* und *Einblenden* unsichtbar machen bzw. wieder darstellen.

Tabelle erstellen

Zusätzlich dazu paßt *Optimale Breite* die Spaltenbreite so an, daß der Inhalt der Spalte optimal dargestellt wird. Nachdem das eigentliche Formular nun steht, soll dieses leere Formblatt zur Sicherheit gespeichert werden.

2.4 Neue Tabelle speichern

Für das Laden und Speichern von Tabellen ist das *Datei*-Menü zuständig. Als erstes soll die neue Tabelle gespeichert werden. Dazu rufen Sie *Datei/Speichern unter..* auf, oder drücken [F12].

Alternativ können Sie auch die *Speichern*-Schaltfläche anklicken.

Der Speicher-Dialog erscheint:

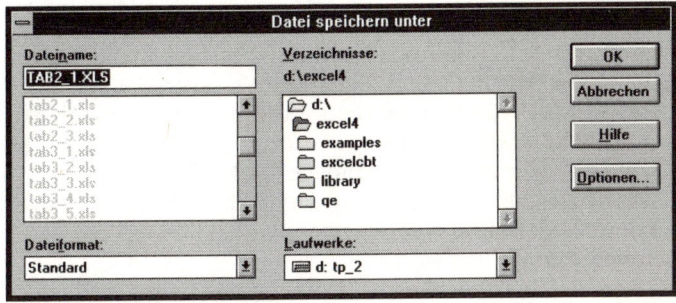

Abbildung 13: Datei speichern unter

Der Dialog enthält vier Eingabebereiche, mit denen Sie Laufwerk, Pfad, Dateiname und Dateityp bestimmen können.

Wenn Sie die Listbox *Laufwerke:* herunterklappen, können Sie aus allen verfügbaren Disketten- und Festplattenlaufwerken das Laufwerk auswählen, auf dem die Tabelle gespeichert werden soll.

Laufwerk

31

Tabelle erstellen

Verzeichnis Neben dem Laufwerk können Sie bestimmen, in welchem Unterverzeichnis die Datei abgelegt werden soll. Unterhalb von *Verzeichnisse:* wird Ihnen das momentan angewählte Verzeichnis angezeigt.

In der Box darunter sehen Sie die Verzeichnisstruktur des aktuellen Laufwerkes.

Neben jedem Unterverzeichnis wird ein kleines Ordner-Symbol abgebildet.

Der Verzeichnisname mit "aufgeklapptem" Ordner ist das momentan angewählte Verzeichnis.

Mit *Laufwerke:* und *Verzeichnisse:* bestimmen Sie nun Ziellaufwerk- und Pfad. Daraufhin geben Sie in *Dateiname:* folgendes ein:

```
TAB2_1.XLS
```

Die Endung .XLS können Sie auch weglassen, EXCEL vergibt sie selbsttätig. Als letztes kann in der Listbox *Dateiformat:* noch das Dateiformat bestimmt werden, in dem die Tabelle abgespeichert wird. Im Normalfall sollten Sie *Standard* benutzen. Die Tabelle wird dann im Excel 4 Format gespeichert. Möchten Sie die Tabelle z.B. in einem anderen Programm weiterverwenden, so können Sie in folgende Formate "exportieren":

Endung	Programm/Typ
Standard	Excel 4 Format
Mustervorlage	Datei als Mustervorlage speichern
Excel 3	Excel 3 Format
Excel 2.1	Excel 2.1 Format
SYLK	Tabelle im Multiplan-Format speichern. Dabei gehen Formatmerkmale und Funktionen verloren.
Text	Datei als Text mit Tabulatoren speichern. Die Tabelle kann dann leicht in eine Textverarbeitung importiert werden.
CSV	Datei im CSV-Format speichern

Tabelle erstellen

WKS	Lotus 1-2-3 (V1)-Format. Auch kompatibel zu Works und Symphony
WK1	Lotus 1-2-3 Version 2
WK2	Lotus 1-2-3 Version 3
DIF	Nur die Zelleinträge speichern
DBF2	Im dBase II Format speichern
DBF3	Im dBase III/III+ Format speichern
DBF4	Im dBase IV Format (aktuelle Version) speichern
Text (Macintosh)	Als Text im Macintosh-Format speichern
Text (OS/2 oder MS-DOS)	Als OEM-Text für DOS speichern
CSV (Macintosh)	Als CSV-Datei für den Mac speichern
CSV (OS/2 oder MS-DOS)	Als CSV für OS/2 speichern

Diese Tabelle jedoch nur der Vollständigkeit halber. In unserem Fall ist das *Standard*-Normalformat durchaus passend.

Neben diesen grundsätzlichen Einstellungen können Sie über die Schaltfläche *Optionen...* noch weitere Voreinstellungen treffen. Als Reaktion wird folgender Dialog geöffnet:

Speicher-Optionen

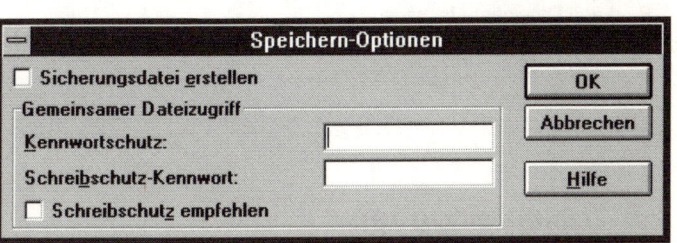

Abbildung 14: Speicher-Optionen

Wenn Sie das Ankreuzfeld *Sicherungsdatei erstellen* aktivieren, wird zusätzlich zur gespeicherten Tabelle immer noch eine Sicherheitskopie angelegt. Wenn der Originaldatei dann etwas zustößt, können Sie immer noch die Kopie einsetzen.

Tabelle erstellen

Zugriffspaßwort Wenn Sie im Feld *Kennwortschutz:* ein Paßwort eingeben, wird der Anwender beim Laden der Tabelle nach diesem Paßwort gefragt. Weiß er es nicht, kann er nicht auf die Tabelle zugreifen.

Schreibpaßwort Das Feld *Schreibschutz-Kennwort:* hat eine ähnliche Schutzfunktion. Auch bei diesem "Schreibschutz"-Paßwort wird der Anwender nach dem Kennwort gefragt. Weiß er es nicht, darf er die Datei nur betrachten, nicht aber verändern.

Bei beiden Paßwortfeldern fragt Excel nochmals nach dem Kennwort, um Schreibfehler zu vermeiden. Wenn Sie das Feld *Schreibschutz empfehlen* ankreuzen, schlägt Excel dem Anwender beim späteren Wiedereinladen vor, die Tabelle nur zu betrachten, nicht aber zu verändern. Dem Anwender wird also eine Art freiwilliger Schreibschutz vorgeschlagen. Nachdem Sie alle Eingaben gemacht haben, kann der Speichervorgang mit der *OK*-Schaltfläche gestartet werden.

Tabelle speichern

Datei/Speichern unter.. anwählen
Pfad und Dateiname festlegen
Dateityp wählen
Mit *OK* bestätigen

2.5 Zahlen eingeben

In die Tabelle sollen nun die Werte eingegeben werden. Dabei empfiehlt es sich, von oben nach unten vorzugehen und jeweils alle Monatswerte eines Bereiches einzugeben. Haben Sie die Zahlen nicht parat, können Sie Ihre Fantasie spielen lassen oder die Zahlen aus unserer Beispielabbildung eingeben:

Tabelle erstellen

	A	B	C	D	E	F	G	H	I
1	Monat	Gehalt	Sonstiges +	Miete	Auto	Bank	Essen	Diverses	Saldo
2	Januar	5000	300	1300	300	100	300	300	
3	Februar	5000	300	1300	100	100	600	200	
4	März	5000	300	1300	400	500	320	500	
5	April	5000	300	1300	270	100	230	540	
6	Mai	5000	300	1300	500	100	460	320	
7	Juni	5000	300	1300	1800	500	450	540	
8	Juli	5000	300	1300	200	100	200	430	
9	August	5000	300	1300	240	100	1400	640	
10	September	5000	300	1300	280	500	650	520	
11	Oktober	5000	300	1300	640	100	250	800	
12	November	5000	300	1300	112	100	700	280	
13	Dezember	5000	300	1300	430	500	450	3400	
14									
15									
16									
17									
18									

Abbildung 15: Jahreswerte

Wenn Sie dabei nach dem bisher kennengelernten Verfahren vorgehen (Anklicken, Eingeben, `Return`), so ist das relativ umständlich. Sie müssen jedesmal den Eingabecursor auf die neue Stelle bewegen. Doch es geht auch einfacher.

Eingabe einer Zahlenkolonne

Sie können Excel mitteilen, daß Sie eine ganze Zahlenkolonne eingeben möchten. Dazu müssen Sie die entsprechenden Zellen markieren.

Bewegen Sie dazu die Maus auf die erste einzugebende Stelle. Nun drücken Sie die linke Maustaste, und halten Sie diese gedrückt. Daraufhin bewegen Sie den Mauszeiger auf die letzte einzugebende Zelle und lassen die Maustaste wieder los. Der eingegrenzte Bereich wird dann invertiert dargestellt.

Markieren mit der Maus

Nun können Sie nacheinander alle Werte dieser Spalte eingeben und jeweils mit `Return` bestätigen. Das Begrenzen eines größeren zu bearbeitenden Bereiches nennt man Markieren, und mit den vorausgehenden Schritten haben Sie unbewußt bereits einen Bereich markiert.

Tabelle erstellen

Markieren mit der Tastatur

Sie können einen Ausschnitt auch mit der Tastatur markieren. Dazu bewegen Sie den Cursor auf die erste zu markierende Zelle. Dann drücken Sie `Shift`, und halten die Taste gedrückt. Anschließend bewegen Sie den Cursor auf die letzte zu markierende Zelle und lassen `Shift` wieder los.

 *Tip*

Sie können auch einfach die ganze Tabelle markieren. Klicken Sie dazu das graue Feld oben links in der Tabelle an. Weiterhin ist es möglich, mehrere Stellen zu markieren. Drücken Sie dazu `Shift`+`F8`. In der Statuszeile erscheint rechts *ADD*. Sie befinden sich nun im Markiermodus und können beliebig viele Zellen mit in die Markierung aufnehmen. Abschließend können Sie diesen Modus mit `Shift`+`F8` auch wieder verlassen.

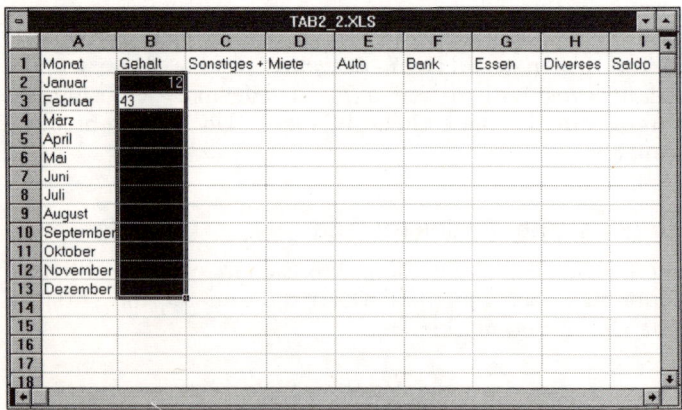

Abbildung 16: Kolonneneingabe

2.6 Blockoperationen

In den letzten Abschnitten haben Sie die Markierfunktion kennengelernt, die übrigens in fast jeder Windows-Anwendung so oder ähnlich abläuft. Neben der Zahleneingabe können Sie mit einem markierten Zellblock jedoch noch andere Operationen durchführen.

Tabelle erstellen

Stellen Sie sich vor, Sie haben eine Reihe von Zahlen eingegeben und stellen fest, daß die Werte in die falschen Zellen eingetragen wurden.

Es müßte also eine Möglichkeit geben, Zellen auszuschneiden und gezielt an anderen Stellen wieder einzusetzen. Diese Möglichkeit gibt es! Mit dem *Bearbeiten*-Menü stehen Ihnen alle nötigen Funktionen zur Verfügung, um Zellblöcke auszuschneiden oder einfach nur zu kopieren. Dabei wird die Windows-Zwischenablage benutzt.

Die Zwischenablage können Sie sich wie eine Pinwand vorstellen, an der man vorübergehend Daten anbringen kann, um sie z.B. von einer Stelle zu einer anderen zu transportieren. Die *Bearbeiten*-Funktionen im Detail:

Blockoperationen

Befehl	Taste	Funktion
Ausschneiden	`Ctrl`+`X`	Markierte Zellen ausschneiden und merken
Kopieren	`Ctrl`+`C`	Block in die Zwischenablage kopieren
Einfügen	`Ctrl`+`V`	Zwischenablage an der aktuellen Zelle wieder einfügen
Inhalte löschen	`Del`	Inhalt der markierten Zellen löschen

Die Funktion *Bearbeiten/Inhalte löschen* hat dabei eine besondere Funktion. Wenn Sie `Del` drücken, oder diese Funktion aufrufen, erscheint eine Dialogbox:

Tabelle erstellen

Abbildung 17: Inhalte löschen

Mit den Optionsfeldern können Sie bestimmen, welchen Teil der Zellinhalte Sie löschen möchten:

Alles	Löscht den kompletten Inhalt
Formate	Löscht das Druckformat der Zelle (dazu später mehr)
Formeln	Löscht Berechnungsformeln in der Zelle
Notizen	Löscht Notizen in der Zelle

Mit *OK* können Sie den Löschvorgang starten.

Blockoptionen

Block markieren (Maus oder Tastatur)
Funktion aus *Bearbeiten* auswählen

Zellen vervielfältigen

Doch zurück zum Beispiel. Gerade die Werte "Gehalt" und "Miete" ändern sich unter Umständen während eines Jahres nicht. Dann trotzdem jeden Wert wieder neu einzutippen, ist sowohl langweilig als auch überflüssig. Excel 4 bietet Ihnen die Möglichkeit, Zellen komfortabel zu vervielfältigen. Wenn Sie eine Zahl auf diese Art vervielfältigen wollen, so klicken Sie die Zelle im unteren rechten Bereich an. Dort befindet sich eine Art "Griff", an dem Sie die Zelle anfassen können.

Tabelle erstellen

Haben Sie diesen Griff angeklickt, halten Sie dann die Maustaste gedrückt. Ziehen Sie nun die Maus in die Richtung, in die der Zelleninhalt vervielfältigt werden soll und lassen Sie bei der Ziel-Zelle die Maustaste los. Wenn Sie also in unserem Beispiel im Feld C2 den ersten Wert der Miete eingegeben haben, klicken Sie den Griff der Zelle an, halten die Taste gedrückt und fahren mit der Maus bis auf Zelle C13. Dann lassen Sie die Maustaste los. Der Wert (z.B. wie im Bild 1300) wird dann entsprechend oft vervielfältigt.

Abbildung 18: Vervielfältigte Zellen

Dieses Verfahren ist wesentlich schneller als die wiederholte Eingabe. Unter Excel (bzw. Windows) heißt dieses Verfahren "Verschieben und Kopieren" ("drag and drop"), da Sie an der Zelle ziehen und über den gewünschten leeren Zellen jeweils den Wert "fallenlassen".

Sie können statt diesem Verfahren auch die entsprechende Menüfunktion benutzen. Markieren Sie dazu die Originalzelle und die zu füllenden und rufen Sie, je nach Füllrichtung *Bearbeiten/Rechts ausfüllen* oder *Bearbeiten/Unten ausfüllen* auf.

Füllen per Menü

Mehrere Zellen löschen

Mit dem Verfahren, mit dem Sie zuvor Zellen vervielfältigt haben, können Sie auch mehrere Zellen löschen. Tippen Sie dazu einfach einige falsche Werte in mehrere Zellen. Nun markieren Sie die falschen Werte:

- Mauszeiger auf erste Zelle
- Linke Maustaste drücken und festhalten
- Mauszeiger auf letzte zu löschende Zelle bewegen
- Maustaste loslassen

Nun klicken Sie den Griff der letzten Zelle an (rechts unten!) und bewegen den Mauszeiger zurück in Richtung der ersten markierten Zelle. Jede dabei angefahrene Zelle erscheint nun schraffiert. Wenn Sie den Mausknopf dann wieder loslassen, werden die so "ausgemusterten" Zellen gelöscht.

Geben Sie nun mit den hier vorgestellten Verfahren die restlichen Werte ein. Haben Sie keine eigenen parat, können Sie unsere Beispielwerte verwenden oder selber welche erfinden.

Veränderte Tabelle speichern

Nachdem Sie auf diese Art alle Werte eingegeben haben, speichern Sie die Tabelle erneut ab. Im Gegensatz zu vorhin ist es dabei nicht nötig, einen neuen Dateinamen zu vergeben. Deshalb können Sie einfach *Datei/Speichern* aufrufen. Die Veränderungen an der Tabelle werden nun ohne jede Nachfrage gespeichert.

3. Einfache Berechnungen

Im letzten Kapitel haben Sie die grundlegenden Möglichkeiten kennengelernt, eine Tabelle zu bearbeiten, und Werte in sie zu schreiben. Sinn und Zweck einer Tabellenkalkulation ist vorrangig die Berechnung von Ergebnissen aus vorhandenem Zahlenmaterial. Dabei sind neben der reinen Werteingabe drei Dinge wichtig:

Die Zahlenformate

Damit Berechnungen korrekt ausgeführt werden können, müssen Sie bestimmen, um was für eine Art Daten es sich in den Zellen handelt. Diese Bestimmung kann für jede Zelle einzeln vorgenommen werden, und ist nötig, da das beste Programm nicht Äpfel mit Birnen multiplizieren kann.

Darstellung

Um eine Tabelle übersichtlich zu gestalten ist es sinnvoll, wichtige Zellen hervorzuheben, Text anders darzustellen als Zahlen, etc. Nüchterne Zahlen werden durch ansprechende Optik zumindest etwas interessanter.

Die Formel

Damit Excel weiß, was mit den Zahlen der Tabelle zu tun ist, müssen Sie die nötigen Formeln eingeben, die die Berechnung vornehmen. Diese Aufgaben sollen in diesem Kapitel näher beleuchtet werden.

Tabelle erneut laden

Dazu soll die Budget-Tabelle, die im letzten Kapitel erstellt wurde, erneut geladen werden. Haben Sie sie nicht gespeichert, können Sie etwas ähnliches erstellen - nachschlagen können Sie das Aussehen der Beispieltabelle im vorherigen Kapitel.

Einfache Berechnungen

Datei laden

Rufen Sie *Datei/Öffnen* auf, und geben Sie als Dateinamen "Privat" ein. Bestätigen Sie diese Eingabe mit *OK*. Die Tabelle wird daraufhin geladen.

3.1 Zahlenformat

Um das Zahlenformat einer Zelle zu bestimmen, klicken Sie sie an, und rufen dann aus dem Menü *Format/Zahlenformat* auf. Folgende Dialogbox erscheint:

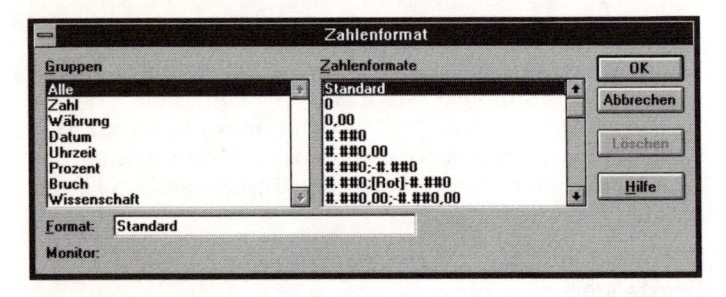

Abbildung 19: Zahlenformat-Dialogbox

In der linken Spalte dieses Dialoges (*Gruppen*) können Sie die Zahlenkategorie auswählen. Zur Auswahl stehen dabei:

Format-Kategorien

Zahlenformate

Alle	Alle Formate in einem kombiniert
Zahl	Zahlen
Währungen	Währungen
Datum	Datumsformat (Tag,Monat,Jahr)
Uhrzeit	Uhrzeitangabe (Stunde,Minute,Sekunde)
Prozent	Prozentangabe (10% von..)
Bruch	Bruch (1/2) etc.
Wissenschaft	Wissenschaftliche Zahl, z.B. Exponentialzahl (2E5 o.ä)

Einfache Berechnungen

Aus der Liste können Sie mit der Maus (Anklicken des Begriffes) oder mit den Cursortasten und `Return` auswählen. Danach können Sie Länge und Darstellung der Daten noch näher beeinflussen. Dafür ist die Liste *Zahlenformate* zuständig. Mit `Tab` wechseln Sie in dieser Liste über. Zusätzlich zum Klicken kann auch in dieser Liste mit den Cursortasten und `Return` ausgewählt werden. Grundätzlich gelten in diese Liste folgende Konventionen:

Gruppe	Format	Erklärung
Währung	DM#.##0;-DM#.##0	Ganze, Positive/Negative DM-Zahl
	DM#.##0;[Red]-DM#.##0	Ganze,Positive/Negative DM-Zahl, negativ wird rot dargestellt
	DM#.##0,00;-DM#.##0,00	Positive/Negative DM-Zahl, mit Nachkommastellen
	DM#.##0,00;[Red]-DM#.##0,00	Positive/Negative DM-Zahl, mit Nachkommastelle, negativer Wert wird rot dargestellt
Zahl	0	Ganze Zahl
	0,00	Zahl mit Nachkommastellen
	#.##0	Ganze Zahl mit Tausenderpunkt
	#.##0,00	Zahl mit Nachkommastellen und Tausenderpunkt
	#.##0;-#.##0	Ganze Zahl Positiv/Negativ mit Tausenderpunkt

Zahlenformat

Einfache Berechnungen

	#.##0;[Red]-#.##0	Ganze Zahl Positiv/Negativ m. Tausenderpunkt, Negativer Wert rot
	#.##0,00;-#.##0,00	Zahl Positiv/Negativ m.Tausenderpunkt und Nachkommastellen
	#.##0,00;[Red]#.##0,00	Zahl Pos./Neg. m. Tausenderp. und Nachkomma, negativer Wert rot
Wissenschaft	0,00E+00	Exponentialzahl
Bruch	#?/?	Bruch, einstellig
	#??,??	Bruch, zweistellig
Prozent	0%	Ganze Prozentzahl
	0,00%	Prozentzahl mit Nachkommastellen
Uhrzeit	h:mm AM/PM	Stunde:Minute US-Format
	h:mm:ss AM/PM	Stunde:Minute:Sekunde US-Format
	hh:mm	Stunde:Minute, deutsches Format
	hh:mm:ss	Stunde:Minute:Sekunde, deutsches Format
	MM.TT.JJ hh:mm	Tag:Monat:Jahr Stunde:Minute, deutsches Format
Datum	TT.MM.JJJJ	Tag.Monat.Jahr Jahr vierstellig (1984)
	TT MMM JJ	Tag Monat (Name) Jahr (zweistellig)
	TT MMM	Tag Monat (Name)

Einfache Berechnungen

	MMM JJ	Monat (Name) Jahr
	MM.TT.JJ hh:mm	Monat.Tag.Jahr Stunde:Minute

Hat die aktuelle Zelle einen Inhalt, wird dieser Wert während des Auswahlvorganges im Feld *Monitor* mit dem aktuellen Zahlenformat dargestellt. Haben Sie z.B. in eine Zelle 1300 eingegeben und Prozentdarstellung gewählt, würde das in *Monitor* so aussehen:

Beispielanzeige

```
Format:   0%
Monitor:  130000%
```

Abbildung 20: Beispielfeld

Wenn Sie durch Anklicken sowohl Gruppe als auch Format ausgewählt haben, können Sie das angewählte Zahlenformat mit *OK* übernehmen.

Definieren eines neuen Zahlenformates

Excel bietet neben der Auswahl vorhandener Zahlenformate auch die Möglichkeit, eigene Formate zu definieren. Dabei müssen Sie sich lediglich an die Notation halten, die vorgegebenen Formate sind dabei gute Beispiele. Die Änderungen können Sie im Feld *Format* vornehmen. Wenn dann *OK* angeklickt wird, wird das neue Zahlenformat in die Liste aufgenommen.

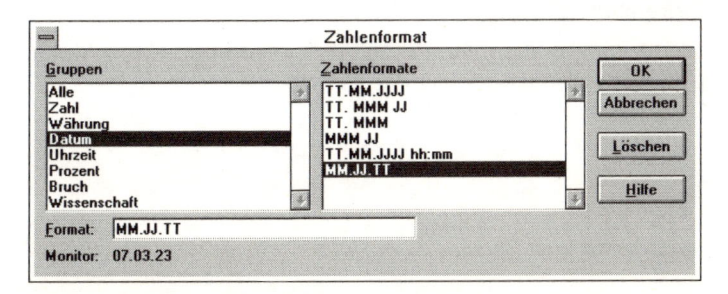

```
                    Zahlenformat
Gruppen              Zahlenformate              OK
Alle                 TT.MM.JJJJ
Zahl                 TT. MMM JJ                 Abbrechen
Währung              TT. MMM
Datum                MMM JJ                     Löschen
Uhrzeit              TT.MM.JJJJ hh:mm
Prozent              MM.JJ.TT
Bruch                                           Hilfe
Wissenschaft

Format:   MM.JJ.TT
Monitor:  07.03.23
```

Abbildung 21: Ein neues Datumsformat Monat,Jahr,Tag

— **Einfache Berechnungen** ——————————

Tip

Format löschen

Im Zusammenhang mit neuen Formaten bekommt auch die normalerweise inaktive Schaltfläche *Löschen* eine Bedeutung. Mit *Löschen* können Sie von Ihnen definierte Zahlenformate wieder aus der Liste entfernen - bei den Original-Excel-Formaten funktioniert das nicht!

Zahlenformat für einen Bereich bestimmen

Mit Hilfe der bisher beschriebenen Zahlenformate soll nun unsere Tabelle sozusagen mathematisch korrekt formatiert werden.

Dabei ist es natürlich müßig, jede Zelle anzuklicken und dann das Zahlenformat zu bestimmen. Hier hilft die Markierfunktion weiter. Markieren Sie alle zu beeinflußenden Zellen und rufen Sie *Format/Zahlenformat* auf. Die nun folgende Auswahl wird dann auf alle markierten Zellen bezogen.

Hinweis

Das Prinzip, daß sich eine Funktion auf alle markierten Zellen bezieht, gilt in Excel durchgängig.

3.2 Darstellung

Nachdem das Zahlenformat bestimmt ist, können Sie die Zellen noch weiter gestalten, indem Sie Ausrichtung und Aussehen bestimmen.

Zellenausrichtung

Wenn Sie aus dem *Format*-Menü die Funktion *Ausrichtung* aufrufen, erscheint folgender Dialog:

Einfache Berechnungen

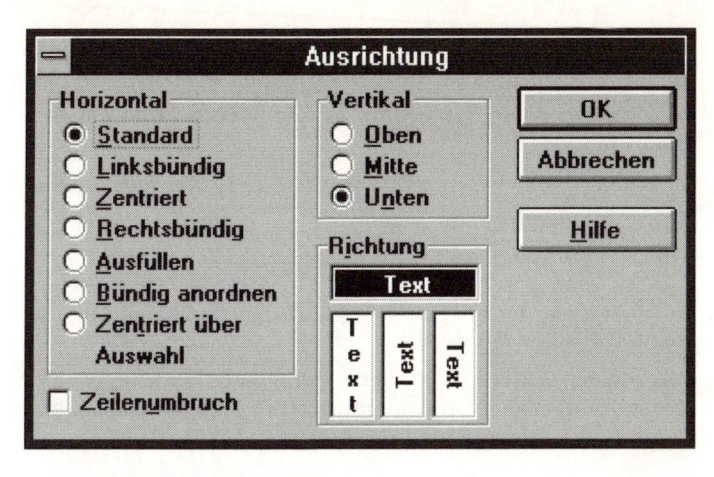

Abbildung 22: Ausrichtungs-Dialog

In diesem Dialog kann die horizontale und vertikale Ausrichtung des Zelleninhaltes bestimmt werden. Folgende Schaltflächen existieren in diesem Dialog:

Standard *Horizontale Aus-*
richtung

Text wird linksbündig, Zahlen werden rechtsbündig dargestellt.

Linksbündig

Daten werden linksbündig dargestellt.

Zentriert

Die Daten werden zentriert.

Rechtsbündig

Bewirkt eine Rechtsausrichtung.

Einfache Berechnungen

Ausfüllen

Reichen die Daten nicht, um die ganze Zelle auszufüllen, so wird mit dieser Option die Zelle bis zum Ende mit dem Zellinhalt gefüllt.

Bündig anordnen

Dieses Feld rückt die Daten bündig ein.

Zentriert über Auswahl

Mit dieser Funktion können Sie einen Text (oder eine große Zahl) über mehrere markierte Zellen hinweg zentrieren.

Zusätzlich dazu können Sie mit dem Ankreuzfeld *Zeilenumbruch* bestimmen, ob der Text bei ausreichender Zellengröße umgebrochen werden soll oder nicht.

Vertikale Ausrichtung

Oben

Der Zellinhalt kann hiermit nach oben orientiert werden.

Mitte

Die Daten werden vertikal zentriert.

Unten

Zellinhalte werden nach unten orientiert.

Weiterhin existieren noch vier anklickbare Felder, die verschiedene, vertikale Textausrichtungen repräsentieren. Durch Anklicken dieser Felder beeinflussen Sie die Textausrichtung dementsprechend.

Für unser Beispiel reicht es, *Standard* aktiviert zu lassen. Alternativ können Sie für einige Ausrichtungen auch die Schaltflächen der Standard-Symbolleiste benutzen. Die Belegung ist dabei folgendermaßen:

Einfache Berechnungen

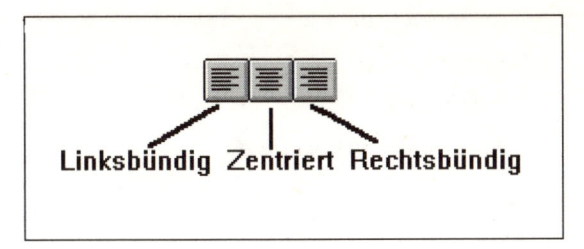

Abbildung 23: Ausrichtungs-Symbole

Schrift

Neben dieser Ausrichtung können Sie auch die Schrift jeder Zelle bestimmen. Dazu gehören neben der Schriftart auch die Attribute Fett, Kursiv, Unterstrichen etc.

Um die Schriftart etc. zu bestimmen, rufen Sie aus der Menüleiste *Format/Schriftart* auf. Der Schrift-Dialog erscheint:

Schriftart bestimmen

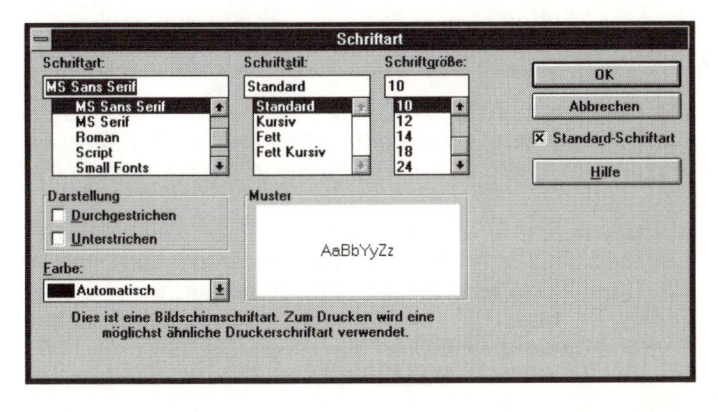

Abbildung 24: Schrift-Dialog

In der Auswahlliste *Schriftart* können Sie die zu benutzende Schriftart auswählen. Die dabei verfügbaren Schriften hängen sehr von dem unter Windows installierten Drucker ab.

Schriftart

In der Liste *Schriftstil:* kann der Schriftstil der Zelle bestimmt werden. Dabei sind folgende Attribute verfügbar:

Schriftstil

49

Einfache Berechnungen

Standard	Normalschrift
Kursiv	*Kursive Schrift*
Fett	**Fettschrift**
Fett Kursiv	***Fett- und Kursivschrift***

Die Liste *Schriftgröße:* wiederum stellt die verschiedenen Punktgrößen der momentan eingestellten Schrift zur Auswahl zur Verfügung. Mit dem Ankreuzfeld *Durchgestrichen* können Sie den Effekt des Durchstreichens einschalten, während *Unterstrichen* unterstreicht. Im *Farbe*-Listfeld wird die Farbe des oder der Felder bestimmt. Die Einstellung *Automatisch* erlaubt es Excel, selbsttätig die Farben zu bestimmen.

Vorschau   Alle Einstellungen können Sie im Feld *Muster* ständig betrachten.

Mit dem Feld *Standard-Schriftart* reaktivieren Sie die Standard-Schrift. Unser Beispiel soll folgendermaßen formatiert werden:

Die Überschriften "Gehalt", "Sonstiges +" etc. sollen kursiv dargestellt werden, während die Monate lediglich fett hervorgehoben werden. Dazu gehen Sie folgendermaßen vor:

Markieren Sie die Zellen B1 bis I1. Dann rufen Sie *Format/Schriftart* auf und klicken in *Schriftstil:* das Feld *Fett* an. Dann bestätigen Sie mit *OK*. Jetzt markieren Sie die Zellen A1 bis A13, rufen erneut *Format/Schriftart* auf. *Schriftstil* wird diesmal auf *Kursiv* gestellt. Bestätigen Sie wieder mit *OK*. Die Tabelle sollte nun in etwa folgendermaßen aussehen:

Einfache Berechnungen

	A	B	C	D	E	F	G	H	I
1	Monat	Gehalt	Sonstiges	Miete	Auto	Bank	Essen	Diverses	Saldo
2	Januar	5000	300	1300	300	100	300	300	
3	Februar	5000	300	1300	100	100	600	200	
4	März	5000	300	1300	400	500	320	500	
5	April	5000	300	1300	270	100	230	540	
6	Mai	5000	300	1300	500	100	460	320	
7	Juni	5000	300	1300	1800	500	450	540	
8	Juli	5000	300	1300	200	100	200	430	
9	August	5000	300	1300	240	100	1400	640	
10	September	5000	300	1300	280	500	650	520	
11	Oktober	5000	300	1300	640	100	250	800	
12	November	5000	300	1300	112	100	700	280	
13	Dezember	5000	300	1300	430	500	450	3400	

Abbildung 25: Tabelle

Druckformate vergeben

Zusätzlich zu dieser detaillierten Formatierung können Sie auch vorgefertigte Druckformate verwenden. Dafür existiert in der Symbolleiste eine Auswahlliste.

Abbildung 26: Die Druckformat-Auswahlliste

Wenn Sie den Pfeil neben dem Feld anklicken, wird die Liste heruntergeklappt. Aus dieser Liste können Sie dann einen vorgefertigten Stil auswählen. Von Prozent bis zu

Einfache Berechnungen

Währung existieren mehrere Stile, die Sie dann dementsprechend anwenden können. Am Ende dieses Kapitels werden wir dieses Thema erneut aufgreifen und eigene Druckformate gestalten.

Muster

Mit dem Befehl *Format/Muster* können Sie Farbe und Hintergrundmuster der aktuellen Zelle(n) bestimmen.

Abbildung 27: Muster bestimmen

Mit der *Muster*-Listbox können Sie das Hintergrundmuster der Zelle bestimmen. Mit den beiden Listboxen *Vordergrund* und *Hintergrund* können Sie feste Vorder- und Hintergrundfarben für die aktuellen Zelle(n) zuweisen. In der Standardeinstellung *Automatisch* werden die Farben den Excel-Grundeinstellungen angepaßt.

Rahmen

Zur weiteren Gestaltung gehört auch das Umrahmen von Zellen. Nachdem Sie den zu umrahmenden Bereich markiert haben, rufen Sie mit *Format/Rahmen* eine Dialogbox auf, in der Sie die entsprechenden Einstellungen vornehmen können.

Abbildung 28: Umrahmungs-Dialog

Mit dem Ankreuzfeld *Gesamt* umrahmen Sie alle markierten Zellen komplett. Die Felder *Links*, *Rechts*, *Oben*, *Unten* dienen dazu, nur einzelne Bereiche der Zellen mit einem Rahmen zu versehen - *Links* zieht nur links eine Linie, *Rechts* nur rechts usw.

Mit dem Ankreuzfeld *Schraffieren* kann nachträglich noch schraffiert werden. Mit den Optionsfeldern unterhalb von *Art* können Sie die Linienart festlegen. Von durchgezogen, gestrichelt bis zur fetten Linie reicht die Palette. Mit der Listbox *Farbe* können Sie eine Rahmenfarbe bestimmen. Ein Klick auf die *OK*-Schaltfläche übernimmt die neuen Einstellungen.

3.3 Formeln verwenden

Nachdem die Tabelle nun mit Daten aufgefüllt und vorformatiert ist, wird es Zeit, sich näher mit den Berechnungen in der Tabelle zu beschäftigen.

Einfache Berechnungen

Formel-Kennung

Um eine Zelle als Rechenzelle zu kennzeichnen, reicht es, als erstes Zeichen ein Gleichheitszeichen "=" in die Zelle einzutragen. Hinter diesem Zeichen können dann beliebige Berechnungen durchgeführt werden - Excel weiß: in diese Zelle wird ein Rechenergebnis geschrieben. Als einfachste Variante der Berechnungen können Sie die normalen Rechenoperatoren benutzen. Excel kennt dabei folgende Operationen:

Rechenoperationen

Operator	Erklärung
+	Addieren
-	Subtrahieren
/	Dividieren
*	Multiplizieren
%	Prozente berechnen
^	Potenzieren
()	Klammern berechnen
<	Vergleichen auf kleiner als
>	Vergleichen auf größer als
<=	Vergleichen auf kleiner gleich
>=	Vergleichen auf größer gleich
<>	Vergleichen auf ungleich

Beispiel

Die einfachste Anwendung dieser Operatoren ist das Ausrechnen von konstanten Formeln. Wenn Sie in eine Zelle z.B.

```
= 30*12
```

eintragen, berechnet Excel daraus den Wert 360. So weit so gut, aber dieselbe Leistung erbringt Ihr Taschenrechner vermutlich auch. Der Clou einer Tabellenkalkulation ist eben das Rechnen mit den einzelnen Zellen, und das geht mit Excel genauso einfach. Statt einer konstanten Zahl können Sie einfach eine Zelle angeben. Möchten Sie z.B. die erste Zelle der ersten Zeile mit der zweiten Zelle der zweiten Zeile multiplizieren, so sähe der entsprechende Zelleintrag folgendermaßen aus:

Einfache Berechnungen

```
= A1*B2
```

So einfach geht das! Diese einfache Funktion läßt sich sehr gut auf unser Beispiel anwenden, indem Sie in der Zelle B14 die Provision ausrechnen, die der Staat Ihnen für die Erwirtschaftung der Steuern zahlt (auch Nettogehalt genannt). Dazu müssen die Zellen B2 bis B13 addiert werden. Der entsprechende Eintrag für Zelle B14 wäre also:

```
= B2+B3+B4+B5+B6+B7+B8+B9+B10+B12+B13
```

Diese Lösung sieht zwar schön kompliziert aus, ist aber nicht notwendig, da Excel auch Bereiche addieren kann. Einen Bereich können Sie nach folgender Syntax eingeben:

Bereiche berechnen

```
ZelleX:ZelleY
```

Wobei X die erste, und Y die letzte Zelle ist. Doch wo kommt das Plus hin? Nirgendwo, denn speziell für dieses Aufaddieren eines Bereiches bietet Excel eine sogenannte Funktion an:

```
SUMME
```

Lösung unseres kleinen Additions-Problems wäre also:

```
= SUMME(B2:B13)
```

Sofern sich Ihr Gehalt im Laufe des Jahres nicht geändert hat, hätten Sie natürlich auch = B2*12 eingeben können - aber das nur am Rande. Diese Aufaddierungen können Sie nun für jede Spalte vornehmen und in Feld A14 noch "Summen" eingeben. Die entsprechenden Formeln für unser Beispiel sind:

Zelle	Formel
B14	=SUMME(B2:B13)
C14	=SUMME(C2:C13)
D14	=SUMME(D2:D13)
E14	=SUMME(E2:E13)

Einfache Berechnungen

F14	=SUMME(F2:F13)
G14	=SUMME(G2:G13)
H14	=SUMME(H2:H13)
I14	=SUMME(I2:I13)

Nachdem Sie diese Veränderungen an der Tabelle vorgenommen haben, müßte diese folgendermaßen aussehen:

	A	B	C	D	E	F	G	H	I
2	Januar	5000	300	1300	300	100	300	300	
3	Februar	5000	300	1300	100	100	600	200	
4	März	5000	300	1300	400	500	320	500	
5	April	5000	300	1300	270	100	230	540	
6	Mai	5000	300	1300	500	100	460	320	
7	Juni	5000	300	1300	1800	500	450	540	
8	Juli	5000	300	1300	200	100	200	430	
9	August	5000	300	1300	240	100	1400	640	
10	September	5000	300	1300	280	500	650	520	
11	Oktober	5000	300	1300	640	100	250	800	
12	November	5000	300	1300	112	100	700	280	
13	Dezember	5000	300	1300	430	500	450	3400	
14	Summen	60000	3600	15600	5272	2800	6010	8470	

Abbildung 29: Tabelle mit Aufsummierungen

Zusammengefaßt existieren also drei Operanden-Typen für Berechnungen:

- Konstanten
- Variablen (Zellen)
- Funktionen (z.B. SUMME)

Diese drei Typen können Sie beliebig kombinieren. Wenn Sie also z.B. die Mehrwertsteuer einer Zelle berechnen möchten, so geben Sie =A1*1,14 ein.

☞ *Hinweis* — Eine kleine Stolperfalle stellt Ihnen Excel bei Zahlen mit Nachkommastellen. Anstatt des normalen Punktes "." müssen Sie "," verwenden, um Nachkommastellen anzugeben.

Einfache Berechnungen

Auf diese Art können Sie beliebig komplexe Formeln und Berechnungen eingeben - einschließlich Klammerebenen etc. Dabei gelten die ganz "normalen" Regeln Punkt vor Strichrechnung etc.

Verändern einer Formel

Nachdem die Formel eingegeben ist, erscheint in der Zelle der errechnete Wert. Sie können die Formel aber trotzdem noch leicht verändern, indem Sie sie in die Eingabezeile übernehmen. Dazu klicken Sie die Zelle und dann die Eingabezeile an oder drücken `F2`.

In unserer Haushalts-Tabelle sollen die Felder "Gehalt" und "Sonstiges +" addiert werden, und die restlichen Felder davon abgezogen werden. Die Formel, die dann in I2 zu schreiben ist, ist leicht formuliert:

Formel formulieren

```
= SUMME(B2:C2)-SUMME(D2:H2)
```

Nochmals zur Erinnerung:

=	Speichere den nun zu errechnenden Wert in dieser Zelle ab.
SUM(B2:C2)	Addiere den Inhalt der Zellen B2 (Gehalt, Januar) und C2 (Sonstiges +,Januar).
-SUM(D2:H2)	Addiere die Felder "Miete", "Auto", "Bank", "Essen", "Diverses", und ziehe diese Summe vom Gehalt und den sonstigen Einnahmen ab.

Wenn Sie diese Formel in I2 eintragen, rechnet Excel direkt den korrekten Wert aus und trägt ihn ein:

Einfache Berechnungen

	B Gehalt	C Sonstiges +	D Miete	E Auto	F Bank	G Essen	H Diverses	I Saldo
2	5000	300	1300	300	100	300	300	3000
3	5000	300	1300	100	100	600	200	
4	5000	300	1300	400	500	320	500	
5	5000	300	1300	270	100	230	540	
6	5000	300	1300	500	100	460	320	
7	5000	300	1300	1800	500	450	540	
8	5000	300	1300	200	100	200	430	
9	5000	300	1300	240	100	1400	640	
10	5000	300	1300	280	500	650	520	
11	5000	300	1300	640	100	250	800	
12	5000	300	1300	112	100	700	280	
13	5000	300	1300	430	500	450	3400	
14	60000	3600	15600	5272	2800	6010	8470	3000

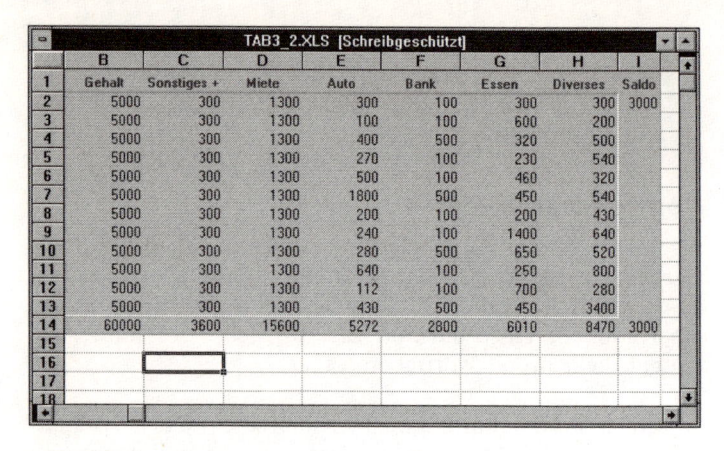

Abbildung 30: Ausgerechneter Saldo für Januar

Tip — Statt dieser Formel können Sie auch direkt das Summen-Symbol in der Standard-Symbolleiste anklicken und daraus die Formel erstellen.

Diese Formel muß nun noch für jeden Monat übertragen werden. Im Normalfall würden Sie jetzt vermutlich die Zellen kopieren und die Zell-Bezüge (B2,B3, etc.) anpassen. Doch Excel vereinfacht das!

Berechnungen

Geben Sie im Zielfeld "=" ein.
Legen Sie die Felder fest, mit denen berechnet wird (Eintragen oder Aufzeichnen).
Fügen Sie die Formel ein, mit der berechnet wird.

Einfügen einer Funktion

Neben der manuellen Eingabe einer Funktion können Sie diese auch bequem und übersichtlich aus einer Liste auswählen. Wählen Sie dazu aus der Menüleiste *Formel/ Funktion einfügen* auf. Eine Dialogbox erscheint:

Einfache Berechnungen

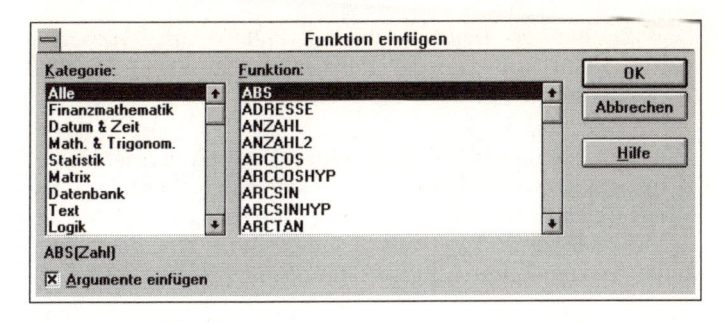

Abbildung 31: Die Funktion einfügen

Auf der linken Seite der Dialogbox (*Kategorie:*) können Sie auswählen, aus welcher Kategorie die Funktion stammt, die Sie benutzen möchten. Rechts daneben wiederum haben Sie die Möglichkeit, die Funktion auszuwählen. Unterhalb von *Kategorie:* wird Ihnen die momentan ausgewählte Funktion mit den Parametern angezeigt.

Wenn Sie das Ankreuzfeld *Argumente einfügen* ankreuzen bzw. angekreuzt lassen, werden beim Einfügen der Funktion Platzhalter für die von Ihnen anzugebenden Parameter angefügt.

Argumente einfügen

Wird dieses Feld nicht angekreuzt, wird lediglich der Funktionsaufruf in die Zelle eingetragen.

Absolute und Relative Adressierung

Wenn Sie die Formel einer Zelle in eine andere Zeile kopieren, stellen Sie fest, daß Excel die Feldbezüge angepaßt hat. Hatten Sie also in einer Zelle der Zeile 1 eine Formel eingegeben, die sich auf Zellen dieser Zeile bezog, so paßt Excel die Verweise an. Ein Beispiel aus der aktuellen Tabelle: In der Zelle I2 steht:

```
= SUM(B2:C2)-SUM(D2:H2)
```

Kopieren Sie diese Zeile in Zelle I3, so macht Excel daraus folgendes:

```
= SUM(B3:C3)-SUM(D3:H3)
```

Einfache Berechnungen

Relative Adressierung

Das Zauberwort heißt in diesem Fall "relative Adressierung". Beim Kopieren der Formel bezieht Excel die Zellverweise relativ zur aktuellen Zelle.

Absolute Adressierung

Möchten Sie dieses automatische Anpassen vermeiden, so benutzen Sie die absolute Adressierung. Wenn Sie vor einen Zellverweis das Zeichen "$" stellen, wird dieser als direkter (absoluter) Verweis gesehen, Excel läßt dann beim Kopieren die digitalen Finger von dieser Zelle.

Eine Formel, an der Excel beim Kopieren nichts verändern würde, wäre also zum Beispiel

```
= SUM ($B2:$C2)-SUM($D2:$H2)
```

Egal, wohin Sie die Formel kopieren, Excel bezieht seine Ergebnisse dann weiterhin aus den Zellen B2 bis H2.

Einsatz

In unserem Beispiel kommt uns die relative Adressierung sehr gelegen. Kopieren Sie also einfach die Zelle I2 auf die Zellen I3-I13. Das können Sie entweder über die Zwischenablage-Funktionen oder über Drag & Drop erledigen.

Rote/Schwarze Zahlen

Als Ergebnis sehen Sie nun in der Spalte "Saldo" Plus oder Minus dieses Monats. Damit diese Zahlen besser wirken, soll mit den berühmt-berüchtigten roten Zahlen gearbeitet werden.

Markieren Sie die Zellen I2 bis I14 und rufen Sie dann *Format/Zahlenformat* auf. Hier wählen Sic als Gruppe *Währung* aus, und als Format *DM* mit dem Zusatz *[Rot]*. Bestätigen Sie mit *OK*. Haben sich in Ihren Berechnungen negative Zahlen ergeben, so werden diese nun rot hervorgehoben. Die so veränderte Tabelle sollten Sie nun erneut abspeichern.

3.4 Felder aufzeichnen

Bisher haben Sie jede Formel "mühsam" von Hand eingegeben. Da Excel aber gemäß der Windows-Philosophie

Einfache Berechnungen

sehr stark auf die Benutzung der Maus ausgelegt ist, existiert auch für die Formeleingabe die passende Mausfunktion. Dazu tragen Sie in der Zelle, in der später das Ergebnis stehen soll, einfach ein "=" ein. Excel weiß nun, daß Sie Zellen in die Rechenformel aufnehmen wollen.

Einzelne Zellen aufnehmen

Im einfachsten Fall klicken Sie nun die erste mitzuberechnende Zelle an. Dann geben Sie den mathematischen Operator (+ - / * usw.) ein, und klicken die nächste Zelle an. Auf diese Art und Weise können Sie komplette Formeln bilden, ohne die Zell-Adressen einzutippen.

Bereiche aufnehmen

Neben dieser Schritt-für-Schritt Vorgehensweise für einzelne Zellen können Sie auch ganze Bereiche mit einbeziehen. Dazu markieren Sie nach Eingabe des Gleichheitszeichens einfach den Bereich, der mit berücksichtigt werden soll:

Klicken Sie die erste zu berücksichtigende Zelle an und halten Sie die linke Maustaste gedrückt. Genau wie beim normalen Markieren ziehen Sie die Markierung nun bis zur Endzelle und lassen dann die Maustaste los. Excel zeichnet diesen Bereich auf und trägt ihn wie gewohnt, mit einem Doppelpunkt getrennt, in die Eingabezeile ein.

	B	C	D	E	F	G	H	I
1	Gehalt	Sonstiges +	Miete	Auto	Bank	Essen	Diverses	Saldo
2	5000	300	1300	300	100	300	300	3000
3	5000	300	1300	100	100	600	200	
4	5000	300	1300	400	500	320	500	
5	5000	300	1300	270	100	230	540	
6	5000	300	1300	500	100	460	320	
7	5000	300	1300	1800	500	450	540	
8	5000	300	1300	200	100	200	430	
9	5000	300	1300	240	100	1400	640	
10	5000	300	1300	280	500	650	520	
11	5000	300	1300	640	100	250	800	
12	5000	300	1300	112	100	700	280	
13	5000	300	1300	430	500	450	3400	
14	60000	3600	=D2:D13	5272	2800	6010	8470	3000

Abbildung 32: Aufgezeichneter Bereich

Einfache Berechnungen

Auf diese Art und Weise können Sie sich komplette Formeln "zusammenklicken", und sparen einiges an Tipparbeit.

3.5 Bereiche benennen

Bisher haben Sie die einzelnen Zellen immer nur unter nichtssagenden Adressen wie A4 oder B9 benutzt. Gerade auf einer größeren Tabelle ist das äußerst unpraktisch. Wenn immer wieder Verweise auf bestimmte Zellen vorkommen, ist es angenehmer, statt dieser wiederkehrenden Zell-Adressen Namen zu verwenden. Zusätzlich zum Benennen einzelner Zellen können Sie auch ganze Bereiche (z.B. A1:C5) mit Namen belegen. Dadurch können Berechnungen mit größeren Bereichen schnell und komfortabel und vor allen Dingen ohne übermäßige Strapazen des Kurzzeitgedächnisses durchgeführt werden.

Einen Namen definieren

Die einfachste Art, einen Namen anzulegen, besteht darin, die enstprechende Zelle zu markieren. Dann rufen Sie *Formel/Namen festlegen* auf. Daraufhin erscheint folgende Dialogbox:

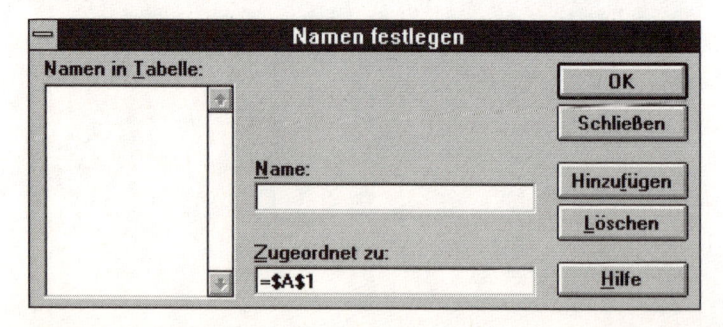

Abbildung 33: Namen definieren

Im linken Teil der Dialogbox wird eine Liste der bisher bereits definierten Namen angezeigt. Rechts daneben befindet sich das Eingabefeld *Name:*.

Einfache Berechnungen

Name eingeben

In diesem Eingabefeld können Sie den Namen festlegen, unter dem die markierte(n) Zelle(n) ab jetzt angesprochen werden.

Zugeordnet zu: enthält die Zelladresse(n), auf die sich der Name bezieht. Nachdem Sie einen Namen eingegeben haben, können Sie also im Feld *Zugeordnet zu:* immer noch den Feldbezug ändern.

Mehre Zellen benennen

Beim Benennen von mehr als einer Zelle gehen Sie ähnlich vor, jedoch markieren Sie nicht eine, sondern mehrere Zellen. Die eigentliche Benenn-Prozedur läuft dann gleich ab.

Verwenden der benannten Zellen

Die so benannten Zellen können Sie nun in jeder Formel einsetzen.

In unserem Beispiel soll die Zelle I14 (das Jahressaldo) benannt werden. Klicken Sie die Zelle dazu an und rufen Sie aus dem *Formel*-Menü die Funktion *Name festlegen* auf. Unter *Name:* geben Sie "Jahressaldo" ein und bestätigen mit *OK*.

Der Unterschied fällt Ihnen auf, wenn Sie den Cursor auf die Zelle I14 bewegen. Links neben der Eingabezeile erscheint statt "I14" nun "Jahressaldo" - der Name ist also übernommen worden und kann jetzt als Adressierung benutzt werden.

Beispiel

Als kleines Beispiel zur Benennungsfunktion gehen wir davon aus, daß Sie dieses Jahr eine Erbschaft von DM 100.000 gemacht haben. Diese Summe soll nun mit dem Jahressaldo zusammengerechnet werden.

Einfache Berechnungen

Dazu tragen Sie in der Zelle A16 "Erbschaft" in B16 "Saldo" und in C16 "Endsumme" ein. In der Zelle A17 geben Sie die 100000 DM der Erbschaft ein, in B17 geben Sie den Verweis auf den Saldo ein:

```
= Jahressaldo
```

Als nächstes muß die Zelle A17 (Erbschaft) benannt werden. Klicken Sie sie dazu an und rufen Sie *Formel/Name festlegen* auf. Dort tragen Sie als Name "Erbe" ein. Die Tabelle sollte nun folgendermaßen aussehen:

	A	B	C	D	E	F	G	H	I
1	Monat	Gehalt	Sonstiges	Miete	Auto	Bank	Essen	Diverses	Saldo
2	Januar	5000	300	1300	300	100	300	300	3.000,00
3	Februar	5000	300	1300	100	100	600	200	3.000,00
4	März	5000	300	1300	400	500	320	500	2.280,00
5	April	5000	300	1300	270	100	230	540	2.860,00
6	Mai	5000	300	1300	500	100	460	320	2.620,00
7	Juni	5000	300	1300	1800	500	450	540	710,00
8	Juli	5000	300	1300	200	100	200	430	3.070,00
9	August	5000	300	1300	240	100	1400	640	1.620,00
10	September	5000	300	1300	280	500	650	520	2.050,00
11	Oktober	5000	300	1300	640	100	250	800	2.210,00
12	November	5000	300	1300	112	100	700	280	2.808,00
13	Dezember	5000	300	1300	430	500	450	3400	-780,00
14	Summe	60000	3600	15600	5272	2800	6010	8470	25.448,00
15									
16	Erbschaft	Saldo	Endsumme						
17	10000	25448							
18									

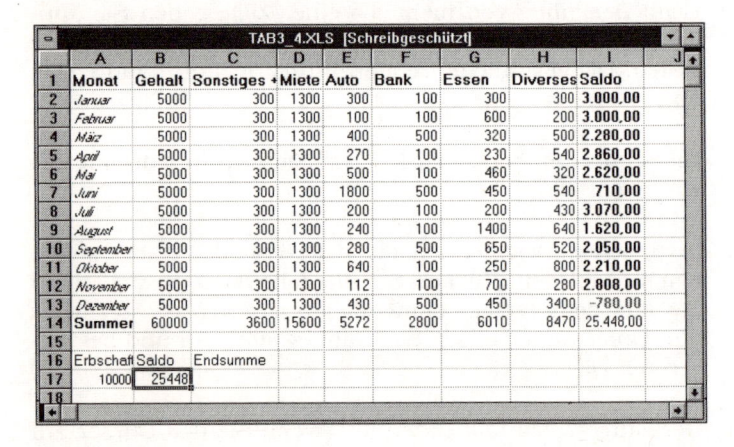

Abbildung 34: Erbschaft eingetragen

In der Zelle C17 (unter "Endsumme") können Sie nun mit diesen beiden Namen rechnen, indem Sie folgende Formel eingeben:

```
= Erbe + Jahressaldo
```

Excel rechnet diese Werte nun aus und trägt sie in C17 ein.

Einfache Berechnungen

	A	B	C	D	E	F	G	H	I
5	April	5000	300	1300	270	100	230	540	2.860,00
6	Mai	5000	300	1300	500	100	460	320	2.620,00
7	Juni	5000	300	1300	1800	500	450	540	710,00
8	Juli	5000	300	1300	200	100	200	430	3.070,00
9	August	5000	300	1300	240	100	1400	640	1.620,00
10	September	5000	300	1300	280	500	650	520	2.050,00
11	Oktober	5000	300	1300	640	100	250	800	2.210,00
12	November	5000	300	1300	112	100	700	280	2.808,00
13	Dezember	5000	300	1300	430	500	450	3400	-780,00
14	Summe	60000	3600	15600	5272	2800	6010	8470	25.448,00
15									
16	x	Saldo	Endsumme						
17	10000	25448	35448						

Abbildung 35: Neues Endsaldo ausgerechnet

Namen einfügen

Genau wie bei Formeln können Sie auch Namen automatisch in die Tabelle einfügen lassen. Dazu rufen Sie aus der Menüleiste *Formel/Namen einfügen* auf. Eine weitere Dialogbox erscheint:

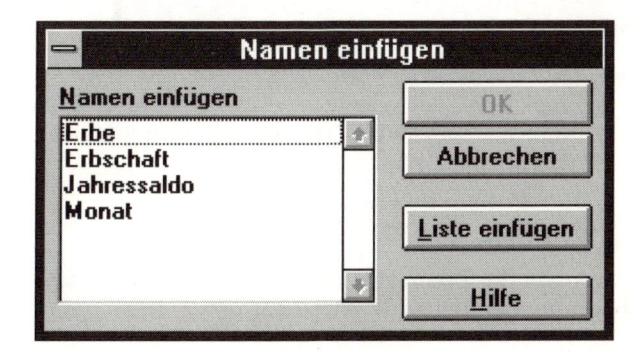

Abbildung 36: Der Name einfügen-Dialog

In der Liste auf der linken Seite (unterhalb von *Namen einfügen:*) können Sie dann den Namen auswählen, dessen Zelle(n) Sie einfügen wollen. Wenn Sie die *Liste einfügen*-Schaltfläche anklicken, werden alle Namen in Zellen un-

65

Einfache Berechnungen

tereinander in die Tabelle eingefügt. Dabei wird in der Zelle rechts von jedem Namen der definierte Bereich aufgelistet.

Namen automatisch zuweisen lassen

Wie Sie inzwischen gesehen haben, automatisiert Excel viele Vorgänge. Das gilt auch für die Vergabe von Namen für Zellen oder Bereiche.

Formel übernehmen

Mit *Formel/Namen übernehmen* können Sie Namen nach der Beschriftung von markierten Spalten oder Zeilen vornehmen lassen. Wenn Sie die Funktion aufrufen, wird ein Dialogfenster geöffnet:

```
┌─ Namen übernehmen ─────────────────┐
│ ┌─Zu übernehmende Namen aus─┐  ┌────────┐ │
│ │ ☐ Oberster Zeile          │  │   OK   │ │
│ │ ☐ Linker Spalte           │  ├────────┤ │
│ │ ☐ Unterster Zeile         │  │Abbrechen│ │
│ │ ☐ Rechter Spalte          │  ├────────┤ │
│ └───────────────────────────┘  │  Hilfe │ │
│                                 └────────┘ │
└────────────────────────────────────────────┘
```

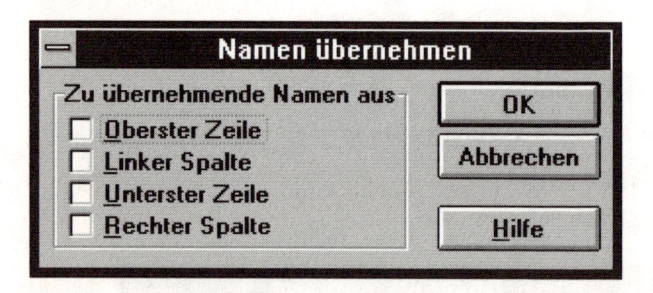

Abbildung 37 Namen übernehmen-Dialog

Unterhalb von *Zu übernehmende Namen aus:* befinden sich vier Ankreuzfelder:

Oberster Zeile

Hierbei werden die Zellen der obersten markierten Reihe zur Benennung benutzt. (z.B. A1,B1,C1 usw.).

Linker Spalte

Benutzt die linke Spalte zur Namensgebung.

Unterster Zeile

Verwendet die untere Reihe des markierten Bereiches, um Namen zu vergeben.

Rechter Spalte

Wenn dieses Feld aktiv ist, wird die rechte Spalte zur Namensgebung benutzt.

Mit *OK* können Sie die Generierung der Namen starten, *Abbrechen* bricht vorzeitig ab.

3.6 Kontext-Menüs

Bisher haben Sie für alle Funktionen vermutlich die normalen Menüs oder die entsprechenden Symbole der Symbolleiste angewendet. Excel 4 bietet eine neue Art der Menüs: Kontext-Menüs. Wenn Sie den Mauscursor auf eine Zelle bewegen und dann die rechte Maustaste drücken und gedrückt halten, so wird an der Position des Mauszeigers ein Menü geöffnet.

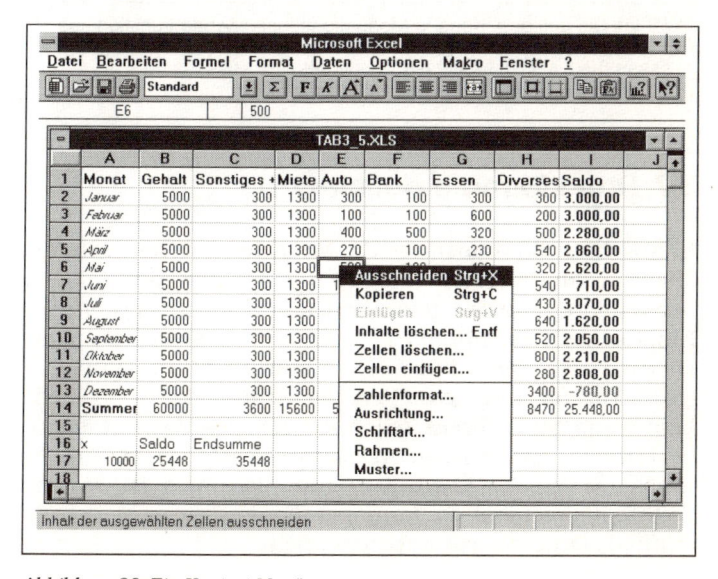

Abbildung 38: Ein Kontext-Menü

Einfache Berechnungen

Das Kontext-Menü

Diese Art Menü wird im Zusammenhang mit Excel auch Kontext-Menü genannt: Kontext in dem Sinne, daß der Inhalt dieses Menüs immer dem aktuellen Arbeits-Modus entspricht. Wenn Sie "einfach" Zellen bearbeiten, enthält das Kontext-Menü neben den Blockoperationen noch die Operationen zum Wechseln der Schriftart bereit. Wenn Sie ein Grafikobjekt bearbeiten (dazu später mehr), enthält das Kontext-Menü Funktionen, die dabei nützlich sind. Der Funktionsumfang richtet sich nach dem Kontext - dem Zusammenhang. Im normalen Arbeits-Modus beschleunigt das Kontext-Menü einige Arbeiten erheblich. Besonders das Ausschneiden und Einfügen von Zellen gestaltet sich mit dieser Funktion deutlich komfortabler.

Einsatz der Kontext-Menüs

Bewegen Sie den Mauszeiger auf die zu bearbeitende Zelle.
Drücken Sie die linke Maustaste.
Wählen Sie aus dem Kontext-Menü die entsprechende Funktion aus.
Lassen Sie die linke Maustaste wieder los.

3.7 Druckformate definieren

Prinzip Druckformat

In Abschnitt 3.2 haben Sie die Möglichkeit kennengelernt, alternativ zu den Einstellungen *Muster*, *Schriftart*, *Rahmen* bereits fertig vorbereiteter Druckformate zu verwenden. Ein solches Druckformat ist nichts anderes als die Speicherung von Einstellungen (Muster, Schrift). Druckformate erleichtern die gestalterische Arbeit mit Excel erheblich. Wenn Sie mehrere Zellen zur gleichen Zeit mit einem bestimmten Stil belegen möchten, so ist das eine recht mühsame Angelegenheit. Eine gute Alternative ist es, eine Zelle entsprechend zu formatieren, und diese Merkmale dann als Druckformat aufzuzeichnen.

Als Beispiel soll nun ein Druckformat entstehen, das den normalen Zeichensatz, jedoch lediglich in 8-Punkt-Größe, enthält. Wählen Sie dazu *Format/Schriftart* an und tragen Sie als Schriftgröße "8" ein (mit *OK* bestätigen). Die aktu-

Einfache Berechnungen

elle Zelle wird nun in 8-Punkt dargestellt. Als nächstes soll das Druckformat definiert werden. Rufen Sie dazu *Format/Druckformat* auf.

Abbildung 39: Druckformat verändern

Der Listbox neben *Druckformatname:* können Sie den Namen des aktuellen Druckformates entnehmen, *Beschreibung* enthält eine kurze Zusammenfassung der aktuellen Einstellungen. Wenn Sie jetzt nur Details eines Druckformates verändern wollten, würden Sie aus der Liste einfach ein Format auswählen.

So aber können Sie direkt auf *Festlegen >>* klicken, um die Parameter des Druckformates zu verändern.

Druckformat verändern

Eine weitere Dialogbox mit den Druckformat-Werten erscheint.

Abbildung 40: Druckformat-Parameter

Unterhalb von *Druckformat enthält:* befinden sich sechs Ankreuzfelder, mit denen Sie näher festlegen können, welche Zelleigenschaften (Muster, Rahmen) im Druckformat berücksichtigt werden sollen. Unterhalb von *Ändern* befinden sich sechs Schaltflächen, entsprechend den Menüeinträgen aus *Format*. Durch Anklicken dieser

Einfache Berechnungen

Schaltflächen können Sie somit Eigenschaften verändern, ohne den Dialog verlassen zu müssen.

Zusammen-führen Mit *Zusammenführen* können Sie vorgefertigte Druckformate aus anderen Dateien übernehmen.

Neues Format definieren Unser Beispiel sollte aber ein neues Druckformat sein. Klicken Sie deshalb in die Eingabezeile neben *Druckformatname* und geben Sie "Mini" ein. Sobald Sie diesen neuen Text eintragen, wird die Schaltfläche *Hinzufügen* anwählbar. Klicken Sie auf diese Schaltfläche, um das neu definierte Druckformat zu übernehmen.

Format löschen Analog können Sie mit *Löschen* neudefinierte Druckformate auch wieder entfernen.

Beispiel Nachdem das Beispiel-Druckformat "Mini" nun definiert ist, können Sie es beliebig auf Zellen anwenden, indem Sie in der Druckformat-Listbox auf "Mini" klicken.

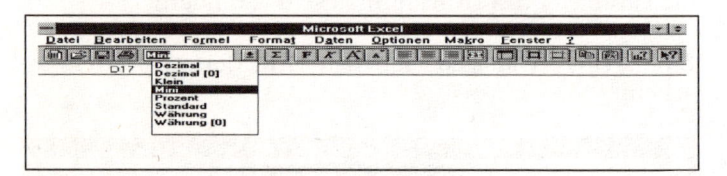

Abbildung 41: Das neue Druckformat im Einsatz.

3.8 Rückgänig machen und wiederholen

Vermutlich ist Ihnen im Laufe der Arbeit mit Excel auch schon mal ein "Fehlklick" passiert, so daß eine Funktion falsch oder zumindestens mit den falschen Werten ausgeführt wurde. In einer solchen Situation können Sie auf eine nützliche Funktion des *Bearbeiten*-Menüs zurückgreifen: *Rückgängig*.

Wenn Sie *Bearbeiten/Rückgängig* aufrufen, wird die letzte ausgeführte Funktion zurückgenommen. Innerhalb des Menüs können Sie bereits erkennen, welche Funktion rückgängig gemacht wird, denn der Name der zurückzunehmenden Operation wird hinter *Rückgängig:* im Menü eingetragen. Ist eine Funktion nicht rückgängig zu machen, verändert sich der Menüpunkt in *Rückgängig nicht möglich* und ist dann auch nicht anwählbar.

Wiederholen

Analog zu *Rückgängig* existiert aber noch eine weitere Funktion, die die Arbeit vereinfacht: *Wiederholen.* Wenn Sie eine Funktion nochmals durchführen wollen, können Sie diesen Menüpunkt des *Bearbeiten*-Menüs dazu verwenden. Auch hierbei wird die Funktion dem Sinnzusammenhang entsprechend ("Kontext-Sensitiv") an den Text "Wiederholen:" angehängt.

4. Grafische Gestaltung

Neben der reinen Rechenoperation hat eine Tabellenkalkulation oft auch Präsentationsfunktionen. Egal ob eine Tabelle "nur" am Bildschirm vorgeführt werden muß oder ob sie ausgedruckt eine Rundreise über sämtliche Vorstandsetagen vornimmt - gut aussehen soll sie immer. Neben den nüchternen Zahlen sagen dann z.B. auch Diagramme mehr als Auflistungen von Zahlenmaterial.

Für die Grafische Gestaltung hält Excel 4 eine kaum zu überschauende Fülle an Funktion bereit. Zusammen mit den Diagramm- und den vielfältigen Druckfunktionen bieten sich somit optimale Gestaltungsmöglichkeiten - DTP á la Excel. Als Beispiel soll in diesem Kapitel die Verkaufsstatistik eines Computergeschäftes dienen.

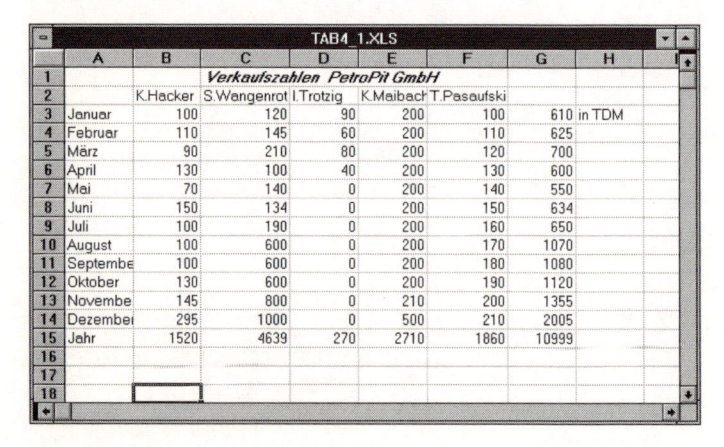

	A	B	C	D	E	F	G	H
1		Verkaufszahlen	PetroPit GmbH					
2		K.Hacker	S.Wangenrot	I.Trotzig	K.Maibach	T.Pasaufski		
3	Januar	100	120	90	200	100	610	in TDM
4	Februar	110	145	60	200	110	625	
5	März	90	210	80	200	120	700	
6	April	130	100	40	200	130	600	
7	Mai	70	140	0	200	140	550	
8	Juni	150	134	0	200	150	634	
9	Juli	100	190	0	200	160	650	
10	August	100	600	0	200	170	1070	
11	Septembe	100	600	0	200	180	1080	
12	Oktober	130	600	0	200	190	1120	
13	Novembe	145	800	0	210	200	1355	
14	Dezember	295	1000	0	500	210	2005	
15	Jahr	1520	4639	270	2710	1860	10999	
16								
17								
18								

Abbildung 42: Die Verkaufsstatistik

4.1 Autoformatieren - Excel als Gestalter

Bisher haben Sie bereits einige Möglichkeiten kennengelernt, eine Tabelle grafisch zu gestalten. All das werden Sie aber nur noch im Einzelfall benötigen, denn Excel

Grafische Gestaltung

stellt eine Funktion zur Verfügung, die jede manuelle Formatierung fast überflüssug macht. Die Rede ist von *Autoformatieren*. Diese neue Funktion ändert selbständig sämtliche relevanten Formatierungen einer Tabelle - Sie wählen nur noch aus, wie das Ergebnis aussehen soll.

Um die Automatische Formatierung auf Ihre Tabelle anzuwenden, rufen Sie aus der Menüleiste *Format/Autoformatieren* auf. Eine Dialogbox erscheint, in der Sie die Gestaltung der Tabelle näher bestimmen:

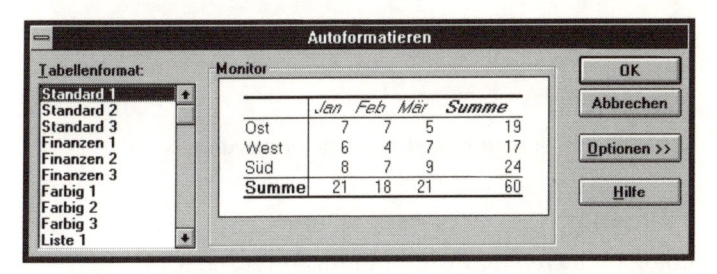

Abbildung 43: Der Autoformatieren-Dialog

Auf der linken Seite dieser Dialogbox sehen Sie unter *Tabellenformat:* die verschiedenen zur Verfügung stehenden Standard-Formatierungen. Insgesamt existieren 14 vorgegebene Formate, die man in mehrere Bereiche einordnen kann:

Standard	Klassische, schlichte Formatierung.
Finanzen	Schlichte, mathematische Formatierung.
Farbig	Bunte Formatierung mit starken Kontrasten.
Liste	Tabellarische Formatierung, bei der die einzelnen Zeilen zur besseren Lesbarkeit hervorgehoben werden.
3D-Effekt	Die Tabelle wird im 3-D-Effekt formatiert.

Grafische Gestaltung

Optionen einstellen

Über die Schaltfläche *Optionen>>* können Sie noch näher bestimmen, auf welche Bereiche der Tabelle sich Autoformatieren beziehen soll.

Zahlenformat

Das *Autoformatieren* bezieht sich auch auf die Zahlenformatierung.

Schriftart

Autoformatieren darf den Zeichensatz verändern.

Ausrichtung

Die Zell-Ausrichtung darf beeinflußt werden.

Rahmenart

Autoformatieren darf Umrahmungen verändern.

Muster

Ist dieses Ankreuzfeld aktiv, bezieht sich die automatische Formatierung auch auf *Muster*.

Spaltenbreite

Autoformatieren nimmt Einfluß auf die Breite der einzelnen Tabellen-Spalten.

Beispieleinsatz

Die *Autoformatieren*-Funktion soll nun auf unsere Beispieltabelle (die Verkaufszahlen der Firma PetroPit) angewendet werden.

Markieren Sie dazu den umzugestaltenden Bereich der Tabelle (sprich alles!) und rufen Sie aus dem *Format*-Menü die Funktion *Autoformatieren* auf. Damit die Tabelle den nötigen "Schliff" bekommt, wählen Sie als Format *Farbig1* aus. Im Normalfall beeinflußt *Autoformatieren* auch die

Grafische Gestaltung

Breite und Höhe der Zellen (*Spaltenbreite*). Das soll verhindert werden, die Tabelle soll dieselbe Größe behalten wie vor der Formatierung.

Klicken Sie dazu auf die *Optionen*-Schaltfläche und deaktivieren Sie das Ankreuzfeld *Spaltenbreite*. Danach bestätigen Sie mit *OK*. Excel beginnt nun, die Tabelle automatisch umzuformatieren. Wie weit Excel dabei schon gekommen ist, wird Ihnen dabei ständig im linken Bereich der Eingabezeile (dort wo sonst die Feldadresse steht) angezeigt.

Auf einem schnellen PC (z.B. mit 80486-Prozessor) geht das meistens so schnell, daß man davon kaum etwas bemerkt.

☞ *Hinweis*

Nachdem die Formatierung beendet ist, sieht die Tabelle in etwa so aus:

Abbildung 44: Mit Autoformatieren formatierte Tabelle

Einsatz von Autoformatieren

Markieren Sie alle zu gestaltendenen Zellen.
Rufen Sie *Format/Autoformat* auf.
Wählen Sie ein Musterformat aus.

Grafische Gestaltung

Klicken Sie auf *Optionen>>*.
Bestimmen Sie die Parameter, auf die sich *Autoformatieren* beziehen soll.
Bestätigen Sie mit *OK*.

4.2 Gestalten mit der Symbolleiste

In Kapitel 1 haben Sie bereits die Symbolleiste, (englisch Toolbar) kennengelernt, die bestimmte, immer wieder benötigte Funktionen auf direkt erreichbare Schaltflächen oberhalb der Eingabezeile zur Verfügung stellt.

Abbildung 45: Die Standard-Symbolleiste

Excel 4 kennt aber nicht nur diese eine, *Standard* genannte Symbolleiste. Für die verschiedenen Einsatzgebiete existieren jeweils speziell zugeschnittene Symbolleisten. In einem späteren Kapitel werden Sie darüber hinaus noch erfahren, wie Sie eigene Symbolleisten konfigurieren können. Excel bietet folgende "mitgelieferte" Symbolleisten:

Excel Symbolleisten

Standard	Standard-Symbolleiste
Format	Formatierungsfunktionen
Werkzeug	Zusatzfunktionen
Diagramm	Erzeugen und Manipulieren von Diagrammen
Zeichnen	Zeichenfunktionen (Kreis, Linie, Rechteck etc.)
Microsoft Excel 3.0	Symbolleiste, die der von Excel 3.0 entspricht
Makro	Makrofunktionen

In diesem Kapitel geht es aber um die Gestaltung, und deshalb soll hier zuerst die dafür zur Verfügung stehende Symbolleiste *Zeichnen* näher beleuchtet werden.

Aufrufen einer anderen Symbolleiste

Bevor Sie aber mit einer anderen Symbolleiste arbeiten können, muß diese aufgerufen werden. Bewegen Sie dazu den Mauszeiger in die aktuelle Symbolleiste, drücken Sie die rechte Maustaste und halten Sie sie gedrückt. Ein Menü erscheint, in dem Sie aus den verschiedenen Symbolleisten auswählen können. Diese Menü nennt man Popup-Menü, oder auch Kontext-Menüs. Wählen Sie aus diesem Menü *Zeichnen* aus.

In der Mitte des Bildschirms erscheint nun ein kleines Fenster, in dem die Funktionen der *Zeichnen*-Symbolleiste erscheinen.

Abbildung 46: Symbolleiste in der Mitte des Bildschirms

Dieses Fenster können Sie nun zur Symbolleiste machen, indem Sie das Fenster auf die momentane Symbolleiste verschieben. Der Aufbau ändert sich, die neuen Funktionen werden eingegliedert.

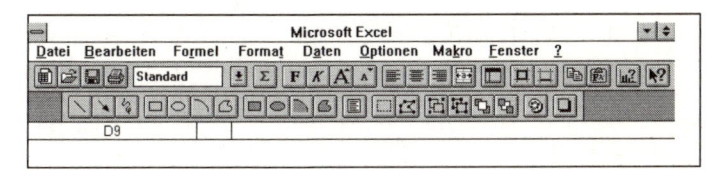

Abbildung 47: Symbolleiste oben eingegliedert

Durch diese Operationen haben Sie jetzt zwar die Zeichenfunktionen eingegliedert, die Standard-Toolbar ist aber weiterhin sichtbar. Wenn Sie das Kontext-Menü für die Symbolleiste erneut aufrufen, sehen Sie, daß sich vor den Einträgen *Standard* und *Zeichnen* kleine Häkchen befinden. Diese Häkchen bedeuten, daß die entsprechende Leiste sichtbar ist. Wenn Sie eine Symbolleiste wieder ausblenden wollen, wählen Sie sie im Kontext-Menü erneut an, sie verschwindet dann.

Grafische Gestaltung

Leiste in der Statuszeile

Sie können eine zusätzliche Symbolleiste bisher an zwei Stellen des Bildschirms "parken": Auf der Arbeitsfläche und in der oberen Symbolleiste. Es gibt aber noch eine dritte Möglichkeit. Sie können die Symbolleiste nach erneutem Anklicken (und Festhalten) auch nach unten in die Statuszeile bewegen und dort ablegen. Damit können Sie sich Ihre Excel-Oberfläche für die entsprechenden Aufgaben immer passend gestalten.

▼ *Achtung*

Sollten Sie in die Situation geraten, alle Symbolleisten ausgeschaltet zu haben, so können Sie über *Optionen/Symbolleisten* wieder eine Symbolleiste einblenden.

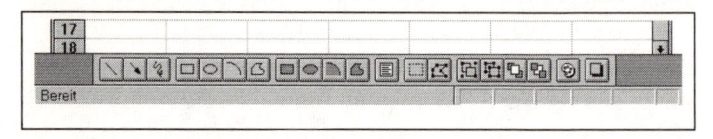

Abbildung 48: Symbolleiste in der Statuszeile

Für unser Beispiel sollten Sie die *Zeichnen*-Symbolleiste nun aufrufen (oder aufgerufen lassen). Als kurzes "Design"-Beispiel soll ein Bereich der Tabelle hervorgehoben werden.

Der (fiktive) Verkäufer I.Trotzig hat von Mai bis Dezember keinerlei Umsatz mehr gemacht. Das soll nun optisch hervorgehoben werden. Zuerst soll um die Null-Werte Mai/Dezember von I.Trotzig ein Kreis (bzw. eine Ellipse) gezogen werden.

Klicken Sie dazu die *Ellipsen*-Schaltfläche in der Symbolleiste an. Dann bewegen Sie den Mauszeiger rechts neben die unterste Null (Dezember).

Ellipse zeichnen

Hier soll die untere rechte Ecke der Ellipse sein. Drücken Sie nun die linke Maustaste, halten Sie sie gedrückt, und bewegen Sie die Maus nach links oben. Wenn Sie den kompletten Null-Bereich markiert haben, lassen Sie die Maustaste wieder los. Der Bereich wird nun von einer Ellipse umschlossen.

Grafische Gestaltung

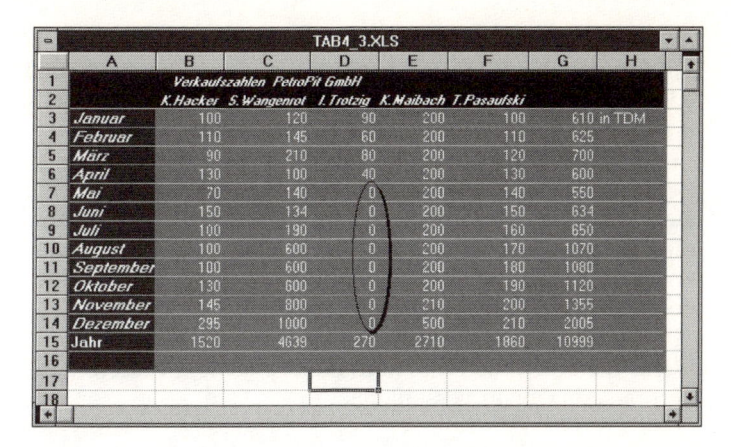

	A	B	C	D	E	F	G	H
1		Verkaufszahlen PetroFit GmbH						
2		K.Hacker	S.Wangenrot	I.Trotzig	K.Maibach	T.Pasaufski		
3	Januar	100	120	90	200	100	610	in TDM
4	Februar	110	145	60	200	110	625	
5	März	90	210	80	200	120	700	
6	April	130	100	40	200	130	600	
7	Mai	70	140	0	200	140	550	
8	Juni	150	134	0	200	150	634	
9	Juli	100	190	0	200	160	650	
10	August	100	600	0	200	170	1070	
11	September	100	600	0	200	180	1080	
12	Oktober	130	600	0	200	190	1120	
13	November	145	800	0	210	200	1355	
14	Dezember	295	1000	0	500	210	2005	
15	Jahr	1520	4639	270	2710	1860	10999	

Abbildung 49: Ellipse um die Werte

Als nächstes soll eine Text-Anmerkung dazu geschrieben werden. Am einfachsten ist es, Text in eine leere Zelle zu schreiben. Der Nachteil wäre, daß Sie in der Position auf die Grenzen der Zellen eingeschränkt sind. Besser wäre es, Text frei positionieren zu können. Das geschieht über die *Text*-Schaltfläche der *Zeichnen*-Symbolleiste.

Text eingeben

Klicken Sie dann unter die Tabelle und halten Sie die linke Maustaste gedrückt. Sie können nun mit einer Art "Gummiband" eine Text-Box aufziehen. In diese Box können Sie (nach Loslassen der Maustaste) Text schreiben (in unserem Beispiel "Schlechtestes Verkaufsergebnis '91").

Mit Hilfe der verschiedenen Schaltflächen der Symbolleiste können Sie die unterschiedlichsten Gestaltungen vornehmen. Vom Pfeil auf eine Zelle bis zu komplexen Zeichnungen ist fast alles machbar.

4.3 Manipulation von Tabellen-Elementen

Wenn Sie mit den bisher kennengelernten Möglichkeiten grafische Elemente in Ihre Tabelle einbringen, so kommt bestimmt früher oder später der Wunsch auf, diese zu verändern. Wenn ein Kreis z.B. größer werden soll oder

Grafische Gestaltung

seine Position geändert wird. In diesen Fällen ist es müßig, die Elemente zu löschen und in der richtigen Größe oder an der richtigen Stelle wieder zu erstellen. Vielmehr lassen sich solche Objekte auch nachträglich verändern.

Objekt greifen

Dazu muß zuerst ein Objekt "gegriffen" werden. Wenn Sie also z.B. das Oval von eben etwas verschieben wollen, klicken Sie auf eine seiner Linien. Das Objekt wird nun angewählt, was Sie daran erkennen, daß kleine "Punkte" erscheinen, die die Ausmaße markieren.

Verschieben

Wenn Sie dann die linke Maustaste gedrückt halten, können Sie das Objekt verschieben.

Die andere Möglichkeit ist das Verändern der Größe. Dazu dienen die eben schon beschriebenen Punkte - auch "Griffe" genannt.

Wenn Sie ein Objekt an einem solchen "Griff" per Maus anfassen, verändert sich der Mauszeiger in ein Symbol, das angibt, in welche Richtung nun vergrößert- oder verkleinert werden kann. Auf diese Art und Weise können Sie jedes grafische Element beliebig manipulieren.

Muster und Eigenschaften

Wenn Sie den Rand eines Grafikelementes doppeltanklicken, erscheint eine Dialogbox, in der Sie Muster und Füllung des Objektes verändern können - ähnlich wie Sie es schon von den Zellen kennen.

Kontext-Menü

Bei der Zellbearbeitung haben Sie die sogenannten Kontext-Menüs kennengelernt, die geöffnet werden, wenn Sie in der Tabelle die rechte Maustaste drücken. Beim Bearbeiten von Grafikelementen erscheint dabei ein verändertes Menü, das Ihnen folgende Möglichkeiten zur Verfügung stellt:

Grafische Gestaltung

Kontext-Menü für Zeichnen

Ausschneiden/Kopieren/Einfügen	Die Standard-Bearbeitungsfunktion zum Ausschneiden und einkleben von Elementen.
Objekt entfernen	Löscht das Grafikelement.
Objekt bearbeiten	Objekt editieren (eingefügte Objekte).
Muster..	Muster bearbeiten (wie Doppelklick).
In den Vordergrund	Objekt vor andere legen.
In den Hintergrund	Objekt hinter andere legen.
Gruppieren	Objekte gruppieren.
Objekteigenschaften..	Objekt-Eigenschaften verändern.
Objekt zuweisen..	Makro auf das Objekt legen.

Momentan ist lediglich die Funktion *Objekteigenschaften* interessant. Wählen Sie diese an, erscheint eine weitere Dialogbox:

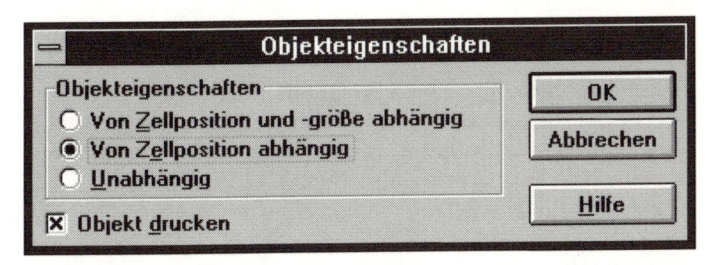

Abbildung 50: Objekt- Eigenschaften verändern

In dieser Dialogbox können Sie bestimmen, wie sich das Grafikelement verhalten soll, wenn die Tabelle verändert wird.

Grafische Gestaltung

Von Zellposition und -größe abhängig

Wenn Sie die Tabelle vergrößern, verkleinern oder Teile verschieben, soll das Grafikelement sich proportional mit verändern

Von Zellposition abhängig

Wird der Tabellenteil verschoben, wird das Grafikelement mitverschoben.

Unabhängig

Das Grafikelement bleibt starr an seiner Stelle. Wird die Tabelle verändert, bleibt das Objekt unverändert.

Objekt drucken

Mit diesem Ankreuzfeld können Sie bestimmen, ob das Grafikelement beim Ausdrucken der Tabelle mitgedruckt wird oder nicht. Damit können Sie sich als Gedankenstütze Markierungen u.ä. in der Tabelle machen, die dann im Ausdruck nicht auftauchen.

Farbgebung

Bisher erschien alles, was Sie gezeichnet haben, in derselben Farbe. Im Zeitalter von Windows muß das natürlich in einer Tabellenkalkulation nicht mehr sein. Sie können praktisch jedem Objekt, also Zellen, Grafiken, Texten etc. eine andere Farbe geben.

Dazu klicken Sie die *Paletten*-Schaltfläche in der Symbolleiste an.

Sie können nun wie mit einem Pinsel einzelne Bestandteile Ihrer Tabelle einfärben, indem Sie sie anklicken. Färben Sie in unserem Beispiel doch einfach die Ellipse um die 0-Verkaufzahlen ein. Wenn Sie mehrmals auf das Objekt klicken, ändert sich die Farbe entsprechend - Sie können sozusagen immer eine Farbe weiterschalten.

4.4 Excel und OLE

Seit Window 3.1 ist OLE ein neues Zauberwort. Die Abkürzung OLE steht für *Object Linking and Embedding*, zu Deutsch in etwa "Objekt Verknüpfen und Einbetten". Hinter diesem mächtig komplizierten Wort steht eine einfache Idee. Wenn Sie bisher Ihre Tabellen mit extern erzeugten Grafiken, Texten o.ä verschönern wollten, war der Weg immer ungefähr folgender:

- Excel verlassen oder in den Hintergrund klicken
- Textverarbeitung / Malprogramm aufrufen
- Text / Grafik speichern
- Excel wieder aufrufen, Text oder Grafik importieren

Das sind dann immerhin schon vier Schritte, die die Erzeugung externer "Bausteine" recht umständlich machen. Mit OLE geht das einfacher. Externe Bausteine (Objekt genannt) werden mit Ihrer Excel-Tabelle verknüpft, das Objekt wird eingebunden. Dies geschieht dadurch, daß Excel selber (auf Ihren Befehl) das externe Programm aufruft und ihm (salopp gesagt) mitteilt "Erstelle mir ein Objekt, das ich einbauen kann". Daraufhin wird das externe Programm gestartet.

Wenn der Anwender seine Grafik oder seinen Text erstellt hat, verläßt er ohne große Speicheraktionen das Programm, Excel übernimmt den so erstellten Baustein dann und bindet ihn in Ihre Tabelle ein.

Anwendung in Excel

Nachdem Ihnen auf diese Art und Weise der Mund wäßrig gemacht wurde, möchten Sie diese segensreiche Funktion bestimmt gerne ausprobieren - kein Problem!

Rufen Sie aus dem *Bearbeiten*-Menü die Funktion *Objekt einfügen* auf. Eine Dialogbox erscheint, in der alle momentan verfügbaren OLE-Objektarten aufgelistet werden:

Objekt einfügen

Grafische Gestaltung

Abbildung 51: OLE-Liste

☞ *Hinweis*

Je nachdem, welche Programme auf Ihrem PC installiert sind, ist die Liste unterschiedlich zu unserem Beispiel aufgebaut.

Als Beispiel soll nun mit Paintbrush ein Firmenlogo gezeichnet werden. Klicken Sie dazu in der Dialogbox auf *Paintbrush-Bild*. Daraufhin wird Paintbrush geladen.

☞ *Hinweis*

Dieses Beispiel funktioniert nur, wenn Sie mit Windows 3.1 arbeiten, da die OLE-Funktionen im Paintbrush von Windows 3.0 noch nicht integriert sind.

Zeichnen Sie nun ein (frei erfundenes) Firmenlogo für unsere Phantasie-Firma. Danach rufen Sie *Datei/Beenden und zurück zu XXXX* auf, wobei *XXXX* für Ihren Tabellennamen steht.

Als Ergebnis erscheint nun in der Tabelle eine Box, in der sich die von Ihnen erstellte Grafik befindet. Diese können Sie genauso wie ein "normales" Grafikelement verschieben, vergrößern verkleinern - oder auch wieder löschen.

▼ *Achtung*

Je nach Größe des Bildes wird Excel nach der Einbettung eines Paintbrush-Bildes recht langsam.

Grafische Gestaltung

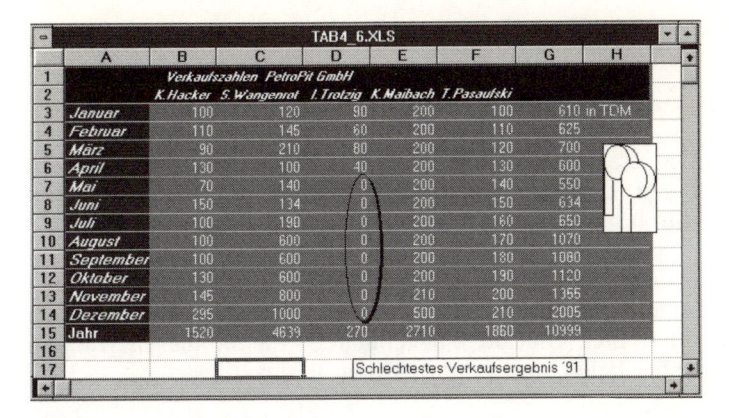

Abbildung 52: Tabelle mit eingebundenem Objekt

Nach diesem Prinzip können Sie nun z.B. auch Texte einbinden - vorausgesetzt, die entsprechenden Programme unterstützen OLE.

OLE-Funktionen nutzen

Bearbeiten/Objekt einfügen auswählen.
Objekttyp wählen -> Programm wird aufgerufen.
Objekt erstellen, *Beenden und zurück* aus dem *Datei*-Menü des Programms wählen.
Objekt wird eingebunden.

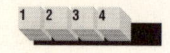

5. Diagramme

Wie Sie im Laufe des letzten Abschnittes gesehen haben, bietet Excel enorme Möglichkeiten, nüchterne Tabellen durch grafische Gestaltung interessanter zu machen.

Diagramme

Eines fehlt jedoch noch: die Umsetzung der Zahlen in anschauliche Grafiken. Excel bietet mit seinen Diagrammen auch hier enorme Möglichkeiten, die in diesem Kapitel näher beleuchtet werden sollen.

Die Erstellung von Diagrammen vereinfacht Ihnen Excel durch eine neue Funktion mit Namen *Diagrammassistent*. Mit Hilfe dieses Werkzeuges brauchen Sie nicht mehr irgendwelche Parameter zu definieren und dann das Diagramm aufbauen zu lassen. Der *Diagrammassistent* führt Sie Schritt für Schritt durch alle notwendigen Eingaben, und generiert dann das Diagramm. Das Fremdwort für diese Art der Benutzerführung ist im übrigen "Interaktiv".

Beispiel

Als Beispiel nutzen wir wieder die Verkaufszahlen aus Kapitel 4. Zur Erinnerung (oder zum Nachstellen) hier nochmals die Tabelle:

Abbildung 53: Verkaufszahlen aus Kapitel 4

Diagramme

5.1 Diagrammdaten vorbereiten

Als Beispieldiagramm soll nun ein Tortendiagramm entstehen, aus dem man die anteiligen Verkäufe der Mitarbeiter Hacker, Wangenrot, Trotzig, Meibach und Pasaufski im Januar ersehen kann. Dazu sollten Sie zuerst die Zellen B2 (K.Hacker) bis F3 (Mit den Verkaufszahlen des ersten Monats) markieren.

Dann klicken Sie die *Diagrammassistenten*-Schaltfläche an. Der nächste Schritt ist die Vorbestimmung der Diagrammgröße. Dazu können Sie auf der Arbeitsfläche (genauer gesagt in der Tabelle) wieder mit einer Art Gummiband ein Viereck "einzeichnen":

Drücken Sie dazu an der gedachten linken oberen Ecke des Diagrammes die linke Maustaste und halten Sie sie gedrückt. Nun bewegen Sie den Mauszeiger auf die rechte untere Diagrammecke. Dabei erhalten Sie durch das "Gummiband" eine Vorschau auf die von Ihnen vorgeschlagene aktuelle Größe des Diagrammes. Haben Sie die gewünschte Größe eingestellt, können Sie die linke Maustaste wieder loslassen.

Schritt 1:

Bereichsnachfrage

Als nächstes erscheint eine Dialogbox, in der Sie gefragt werden, ob Sie sicher sind, daß der markierte Bereich alle Zahlen enthält, die im Diagramm dargestellt werden sollen:

Abbildung 54: Diagrammassistent Schritt 1

Diagramme

Mit *Abbrechen* können Sie die Funktion jetzt noch unterbrechen, im Eingabefeld *Bereich:* können Sie den markierten Bereich nachträglich verändern. Ist der angegebene Bereich korrekt, können Sie diesen ersten Schritt mit *Weiter >* bestätigen.

5.2 Diagrammtyp wählen

Schritt 2:

Nun können Sie wählen, welche Art Diagramm Sie erstellen wollen:

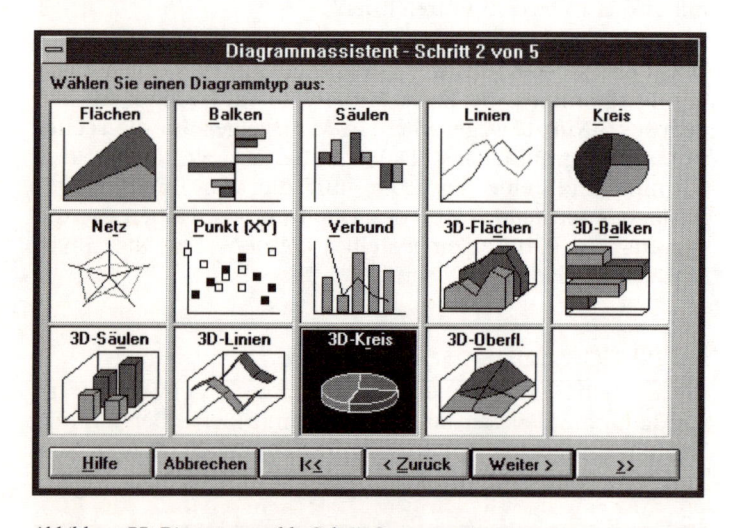

Abbildung 55: Diagrammwahl - Schritt 2

Für unser Beispiel wählen Sie *3D-Kreis*. Klicken Sie dann auf *Weiter >*.

Tip

Wenn Ihnen auffällt, daß die Angaben im vorhergehenden Dialogfeld falsch waren, können Sie mit *< Zurück* einen Schritt zurückgehen. Mit *I<<* können Sie zum ersten Dialogfeld (Schritt 1) zurückkehren.

Schritt 3:

Im nächsten Schritt können Sie die Art des Diagramms noch näher bestimmen.

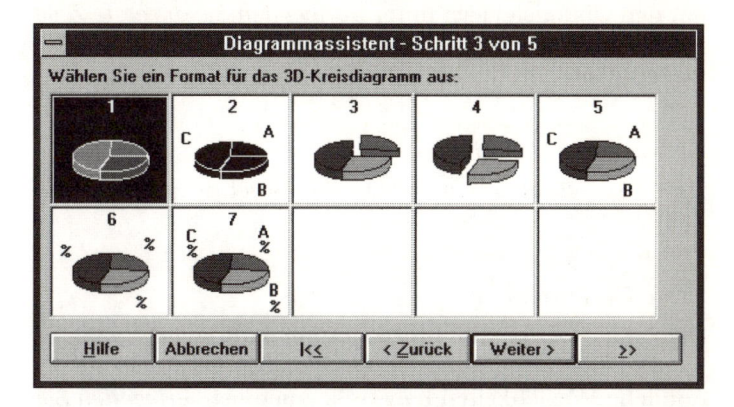

Abbildung 56: Diagrammtyp näher bestimmen - Schritt 3

Für unser Beispiel wählen Sie dann Typ 4. Auch diese Auswahl bestätigen Sie mit einem Klick auf die *Weiter >*-Schaltfläche.

5.3 Diagrammbeschriftung

Schritt 4:

Im vorletzten Schritt geht es um die Darstellung der Zahlen und um die Beschriftung der Achsen (bzw. die Beschriftung der Torten-Teile). Mit der Schaltfläche *Datenreihen in:* können Sie wählen, ob die darzustellenden Daten den einzelnen Zahlenreihen (*Zeilen*) oder den Spalten (*Spalten*) entnommen werden.

Darstellung

Zeilen	Die Zahlen des Diagramms werden den Reihen nach verarbeitet. Ein Diagramm-Segment würde dann also aufaddiert aus A1,A2,A3 etc.

Diagramme

Spalten	Die Zahlen werden den Spalten nach verarbeitet.

Namensgebung Mit den Optionsfeldern unter *Verwenden Sie die erste Zeile als:* können Sie die Verwendung der ersten Zahlenreihe bestimmen:

Kreissegmentbeschriftung
Die erste Zahlenreihe wird als Beschriftung für die Kuchenstücke benutzt.

Erste Datenreihe
Die Zahlen werden mit im Diagramm dargestellt.

Ähnliche Möglichkeiten haben Sie auch bei *Verwenden Sie die erste Spalte als:*.

Diagramm Titel
Der erste Spalteneintrag wird als Diagramm-Titel benutzt.

Ersten Datenpunkt
Der erste Eintrag wird im Diagramm mit dargestellt.

Beispiel
Für unser Beispiel stellen Sie bitte folgende Werte ein:

```
Datenreihen in: Spalten
```

Verwenden Sie die erste Reihe als:

```
Kreissegmentbeschriftung
```

Diagramme

Verwenden Sie die erste Spalte als:

```
Erste Datenpunkt
```

Dann bestätigen Sie mit

```
Weiter >.
```

Je nach Diagrammtyp sind die Optionsfelder *Verwenden Sie die erste Reihe als:* und *Verwenden Sie die erste Spalte als* unterschiedlich beschriftet - das Prinzip ist jedoch dasselbe.

▼ *Achtung*

Schritt 5:

Als letztes können Sie noch Details des Diagrammes bestimmen.

Legende einblenden

Über die Optionsfelder *Ja* und *Nein* unter *Legende hinzufügen ?* können Sie bestimmen, ob eine Erklärung der verwendeten Farben und Bereiche eingeblendet werden soll. Für unser Beispiel klicken Sie bitte auf *Ja*.

Überschrift

Im Eingabefeld *Diagramm Titel:* können Sie eine Überschrift über das Diagramm setzen - hier "Verkäufe Januar 91".

Die Felder unter *Achsenbeschriftung* sind in Schattenschrift dargestellt - also nicht benutzbar. Sie kommen nur bei einigen Diagrammtypen zum Einsatz, und dienen der Beschriftung der einzelnen Achsen (x/y/z).

☞ *Hinweis*

Diesen letzten Schritt können Sie dann mit *OK* bestätigen. Daraufhin wird das Diagramm in der Tabelle aufgebaut.

Diagramme

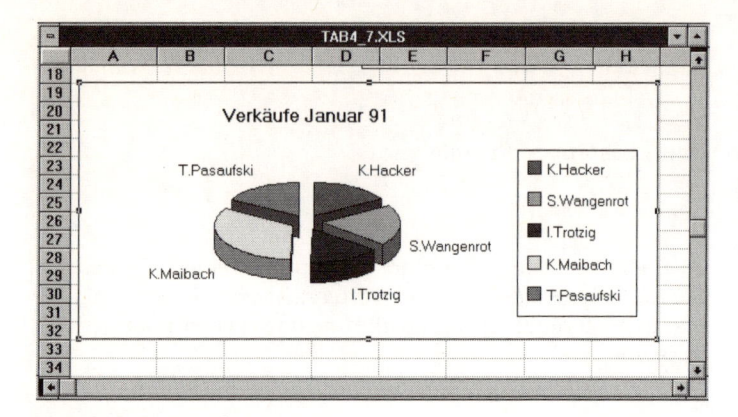

Abbildung 57: Fertiges Diagramm

5.4 Nachbearbeitung eines Diagramms

Nachdem das Diagramm nun in Ihre Tabelle eingeblendet wurde, gibt es noch einige Möglichkeiten der Nachbearbeitung

Position verändern

Wenn das Diagramm sich nicht an der Stelle befindet, an der Sie es gerne hätten, so können Sie es verschieben, indem Sie mit dem Mauszeiger in das Diagramm klicken und die linke Maustaste gedrückt halten. Sie können das Diagramm nun beliebig auf Ihrer Tabelle verschieben. An der richtigen Stelle angekommen, lassen Sie einfach die Maustaste wieder los - fertig!

Größe verändern

Auch die Größe eines Diagrammes läßt sich verändern. Dazu klicken Sie das Diagramm einmal an. An acht Stellen um das Diagramm herum erscheinen kleine Kästchen - die Griffe. Wenn Sie den Mauszeiger auf einen dieser Griffe bewegen, verändert sich der Mauszeiger. Seiner Form können Sie entnehmen, in welche Richtung(en) Sie das Diagramm mit diesem Griff vergrößern oder verkleinern können. Sie brauchen den Griff dann nur noch anzuklicken und den Mauszeiger bei gedrückter Maustaste in die entsprechende Richtung zum Vergrößern/Verkleinern zu bewegen.

5.5 Diagramm-Editor Modus

Wenn Sie das Diagramm doppelt anklicken, wird es in ein eigenes Fenster übernommen, und Excel wechselt in den Diagramm-Editor-Modus.

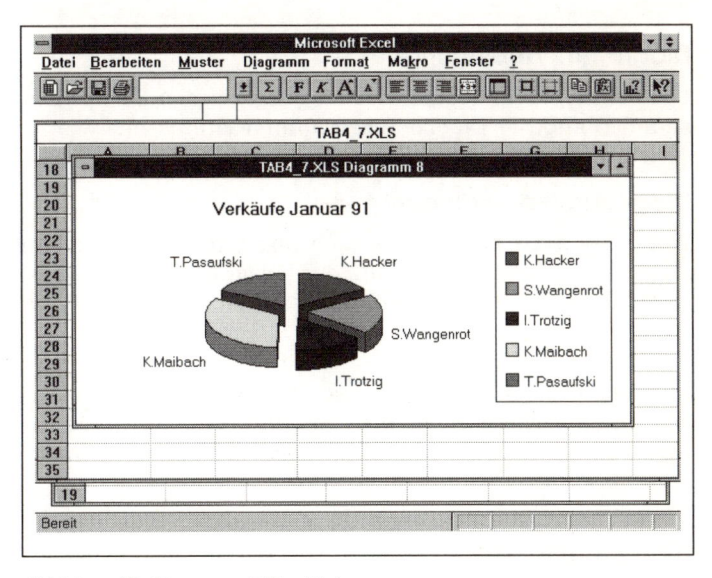

Abbildung 58: Diagramm-Editor-Modus

Diagramm speichern

Ein wichtiger Punkt ist das Speichern und Laden von einzelnen Diagrammen. Genau wie im "normalen" Tabellen

Diagramme

Modus können Sie für diese Dateioperationen das *Datei*-Menü verwenden. Mit *Datei/Speichern unter..* können Sie das momentan bearbeitete Diagramm speichern.

Endung

Für Diagramme verwendet Excel 4 die Dateiendung .XLC (C=Chart/Diagramm).

Diagramme laden

Über *Datei/Öffnen* können Sie so gespeicherte Diagramme wieder einlesen und z.B. von einer Tabelle in eine andere übernehmen.

Diagramm Verbindungen

Über *Datei/Verknüpfte Dateien öffnen* können Sie die Zusammenbindung Tabelle->Diagramm beeinflussen.

Diagrammtyp verändern

Wenn Sie nach längerer Betrachtung Ihres neu erstellten Diagrammes feststellen, daß das Diagramm zu unübersichtlich ist oder nicht ganz Ihrer Vorstellung entspricht, so ist das kein Problem.

Im *Muster*-Menü können Sie nachträglich den Diagrammtyp verändern. Wählen Sie dazu einfach einen anderen Diagrammtyp aus, Excel gestaltet dann dementsprechend um.

Diagramm ergänzen

Zusätzlich dazu bietet Ihnen das *Diagramm*-Menü noch weitere Nachbearbeitungsoptionen.

Text hinzufügen

Mit *Diagramm/Text zuordnen..* können Sie Text zum Diagramm hinzufügen. Rufen Sie diese Funktion auf, erscheint folgende Dialogbox:

Diagramme

Abbildung 59: Text hinzufügen

In dieser Dialogbox können Sie z.B. mit *Diagrammtitel* den Diagrammtitel ein- oder ausblenden, und Text an die verschiedenen Achsen schreiben.

Mit *Diagramm/Pfeil einfügen* können Sie einen Pfeil in das Diagramm einblenden, dessen Anfangs- und Endpunkt Sie mit Hilfe von Griffen beliebig verschieben können.

Pfeil einblenden

Mit *Diagramm/Datenreihen bearbeiten* kann der Bereich, der als Diagramm dargestellt wird, nachträglich verändert werden.

Bereiche verändern

Detailveränderungen

Bisher haben Sie das Diagramm nur als Einheit gesehen. In Wirklichkeit besteht jedes Diagramm jedoch aus mehreren Objekten, die Sie einzeln verändern können.

Mit *Diagramm/Diagramm auswählen* können Sie das komplette Diagramm markieren, während Sie mit *Diagramm/Diagrammfläche auswählen* nur die eigentliche Grafikdarstellung selektieren. Darüber hinaus können Sie jedes einzelne Element des Diagrammes anklicken und dadurch markieren. Dadurch stehen Ihnen zwei Möglichkeiten zur Verfügung:

95

Diagramme

Elemente ver- Zum einen können Sie - je nach Art des Diagrammes -
schieben   Teile der Darstellung verschieben.

Die wichtigere Funktion ist jedoch der Eingriff in die Darstellung. Wenn Sie ein markiertes Objekt im Diagramm doppelklicken, wird ein Dialogfenster geöffnet, in dem Sie Farben und Muster bestimmen können:

Abbildung 60: Farb- und Muster-Dialog im Diagramm

Rahmen Im Bereich unterhalb von *Rahmenart* können Sie bestimmen, ob ein Rahmen gezeichnet werden, und wenn ja, wie er aussehen soll.

Automatisch	Der Rahmen wird im Bedarfsfall automatisch gesetzt.
Keinen	Es wird kein Rahmen gezogen.
Benutzerdefiniert	Es wird ein Rahmen gezogen, dessen Aussehen Sie mit den Listenfoldern *Art*, *Farbe* und *Stärke* näher bestimmen können.

Farbgebung Unterhalb von *Flächen* können Sie die Farbgebung und den Mustereinsatz für das markierte Objekt einstellen.

Automatisch	Die Farben werden von Excel automatisch vergeben.
Keine	Keine Farbveränderung.

Diagramme

Benutzerdefiniert	Die von Ihnen in *Muster, Vordergrund* und *Hintergrund* eingestellte Farb- und Mustergebung wird eingestellt.

Mit *OK* können Sie die Einstellungen übernehmen.

Blickwinkel

Haben Sie ein 3-D-Diagramm eingesetzt, so ist der Menüpunkt *3-D-Ansicht* im Menü *Format* interessant.

Wenn Sie ihn aufrufen, wird eine Dialogbox geöffnet:

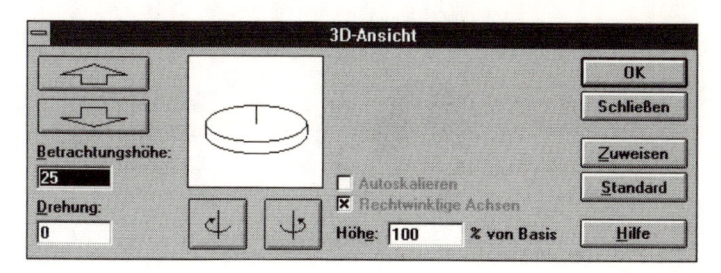

Abbildung 61: 3D-Blickwinkel wählen

Mit den *Pfeil-nach-oben/nach-unten*-Schaltflächen können Sie die Höhe des Blickwinkels bestimmen. Alternativ können Sie auch einen Winkel in *Betrachtungshöhe* eingeben. Mit den anderen Pfeiltasten (mit den Strichen darin) können Sie den Rotationsblickwinkel einstellen, oder einen Wert in *Drehung* eingeben. — Blickhöhe

Für unser Beispiel sollten Sie *Betrachtungshöhe* = 70 und *Drehung* = 300 einstellen. — Beispiel

Wenn Sie mit *OK* bestätigen, können Sie die Auswirkungen der Einstellungen betrachten. Das hat natürlich den Nachteil, daß Sie bei einer erneuten Änderung erst wieder die Dialogbox aufrufen müssen. — Direkt betrachten

97

Diagramme

Wenn Sie hingegen auf *Zuweisen* klicken, werden die Änderungen direkt dargestellt, ohne daß der Einstellungsdialog beendet wird.

Zurücknehmen   Mit *Standard* können Sie Veränderungen wieder zurücknehmen.

Nachdem Sie all diese Einstellungen getroffen haben, sollte die Endfassung unseres Beispieldiagramms so aussehen:

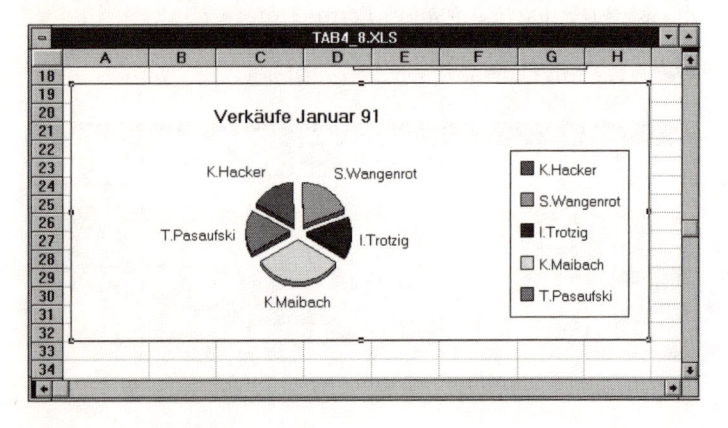

Abbildung 62: Tabelle - Endfassung

Diagramm erstellen

Darzustellende Zahlen markieren.
Diagramm-Schaltfläche anklicken.
1. Schritt: Bereich bestätigen.
2. Schritt: Diagramm auswählen.
3. Schritt: Diagramm näher definieren.
4. Schritt: Datenverwendung bestimmen.
5. Schritt: Darstellungsdetails verändern.

6. Drucken

Sie haben inzwischen schon einige Möglichkeiten kennengelernt, Tabellen ansprechend zu gestalten. Eine Tabelle soll aber nicht nur am Bildschirm gut aussehen, denn meistens wird sie als Ausdruck betrachtet, oder von anderen durchgearbeitet.

Neben dem obligatorisch guten Druckbild spielt dann natürlich auch die Gestaltung des Dokumentes auf Papier eine ausschlaggebende Rolle. Zur Demonstration der dafür zur Verfügung stehenden Funktionen soll uns eine Arbeitsstundentabelle dienen, wie sie z.B. zu Abrechnungszwecken benutzt wird.

Druck <> Druck

	A	B	C	D	E	F	G	H
1								
2		Arbeitsstundenliste			AUSHILFEN LAGER			
3								
4								
5	Name	Montag	Dienstag	Mittwoch	Donnerstag	Freitag	Samstag	Sonntag
6	Meier	8	8	9	8	8	0	0
7	Müller	8	8	7	7	8	0	0
8	Schmitz	8	7	8	9	8	0	0
9	Schlonz	12	12	12	12	12	12	0
10	Storch	2	1	2	1	1	0	0

Abbildung 63: Die Stundentabelle

6.1 Die Seitenvorschau

Das mächtigste "Werkzeug" zum Druck-Layouten einer Tabelle ist die Seitenvorschau. Um die Seitenvorschau zu

Drucken

starten, wählen Sie aus dem *Datei*-Menü die Funktion *Seitenansicht* an. Die komplette Seite wird dann sozusagen wie gedruckt aufgebaut:

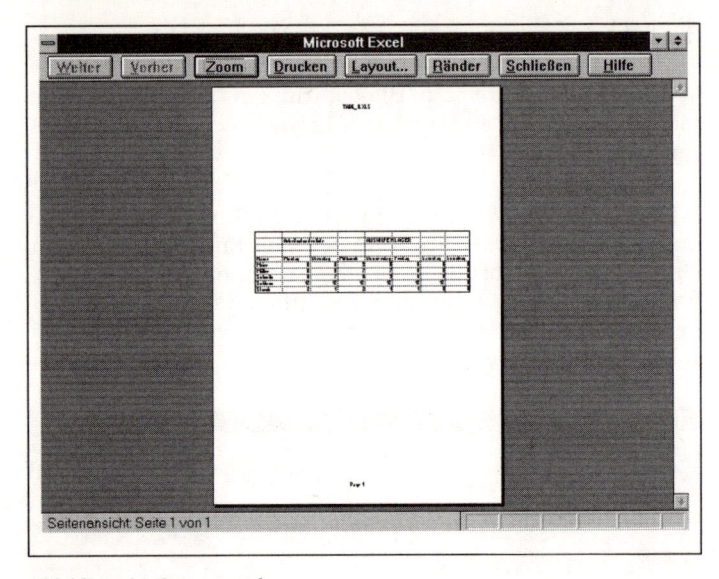

Abbildung 64: Seitenvorschau

Excel zeigt nun in der Statuszeile unter *Seitenansicht: Seite x von x* an.

Seite vor/zurück

Mit der *Weiter*-Schaltfläche können Sie zur nächsten Seite weiterblättern, *Vorher* blättert eine Seite zurück. Gibt es keine nächste oder vorhergehende Seite, sind die Schaltflächen nicht wählbar.

Vergrößern

Momentan zeigt Excel die komplette Seite an. Je nach Monitor dürfte es Ihnen dabei äußerst schwerfallen, Details zu entziffern. Um bleibende Sehschäden zu verhindern, existiert der Vergrößerungs-Modus. Klicken Sie dazu die *Zoom*-Schaltfläche an.

Drucken

Excel vergrößert nun den aktuellen Bildausschnitt. Wenn Sie dann erneut mit der linken Maustaste klicken, wird wieder auf die Normalvergrößerung zurückgeschaltet. Der Mauszeiger hat sich jedoch in eine "Lupe verwandelt", die Sie nun in anderen Bildausschnitten verwenden können.

Wenn Sie einen anderen Bildausschnitt vergrößern wollen, bewegen Sie den Mauszeiger in das entsprechende "Gebiet" und klicken einmal kurz mit der linken Maustaste. Excel vergrößert nun den neu angewählten Bereich.

Neuen Bildausschnitt wählen

Wenn Sie beim Betrachten des vergrößerten Tabellenausschnitts feststellen, daß ein kleines Stück des Sie interessierenden Bereiches nicht zu sehen ist, so müssen Sie den Weg Verkleinern-Vergrößern nicht nochmal wiederholen.

Ausschnitt verschieben

Statt dessen können Sie mit den horizontalen bzw. vertikalen Bildlaufleisten den Ausschnitt verschieben.

Einsatz der Bildlaufleisten

Ränder bestimmen

Wie am Anfang des Abschnitts schon erwähnt, "lebt" ein Tabellenausdruck von einer übersichtlichen und harmonischen Gestaltung. Über das Einstellen der Ränder läßt sich eine harmonische Aufteilung des gesamten Dokumentes erreichen. Um die Randwerte verändern zu können, klicken Sie in der Seitenvorschau auf die *Ränder*-Schaltfläche. Daraufhin werden am Rand kleine "Griffe" eingeblendet, die mit durchgezogenen Linien in das Dokument die Ränder repräsentieren.

Die vier grundsätzlichen Einstellungen sind dabei die Ränder Oben/Unten & Links/Rechts.

Ränder Oben, Unten, Links und Rechts

Wenn Sie eins der der Kästchen-Griffe am Rand der Seite anklicken und die linke Maustaste dann gedrückt halten, können Sie die entsprechende Randeinstellung verschieben. Dadurch können Sie z.B. Tabellen so verschieben, daß das Blatt harmonisch aufgeteilt wird. Über diese vier Ränder können Sie eine Tabelle z.B. in der Mitte des Blattes zentrieren.

Drucken

Weitere Ränder   In der Vorschau sehen Sie noch einige weitere "Griffe". Mit diesen zusätzlichen Randeinstellungen können Sie die Breite der einzelnen Spalten im Druck noch nachträglich verändern.

So können Sie die einzelnen Zellbreiten so vergrößern, daß das Druck-Dokument in der Breite komplett ausgefüllt wird.

Seiteneinstellungen

Für den Ausdruck eines Dokumentes können Sie einige grundsätzliche Einstellungen treffen. Dazu klicken Sie im Seitenansicht-Modus auf *Layout..*, oder rufen im Normal-Modus (innerhalb der Tabelle) *Datei/Seite einrichten* auf. Ein Dialogfenster erscheint, in dem Sie die wichtigsten Druck-Einstellungen beeinflussen können:

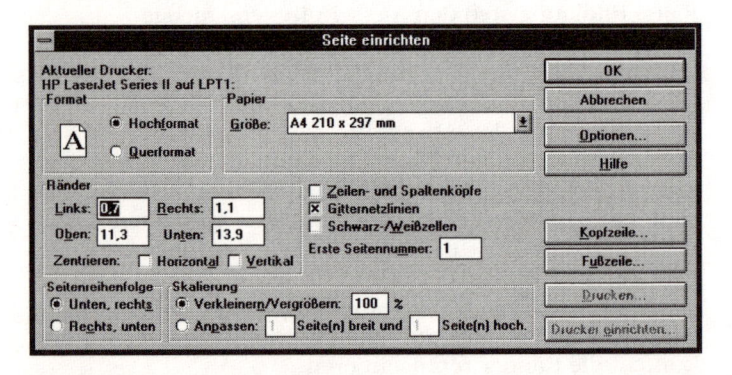

Abbildung: Seiteneinstellungs-Dialog

Unterhalb von *Aktueller Drucker* zeigt Ihnen Excel (bzw. Windows) an, welchen Druckertreiber Sie momentan aktiviert haben und mit welchem Anschluß (LPT..) dieser verbunden ist.

Seitenformat   Unterhalb von *Format* können Sie bestimmen, ob das Papier Hochkant (*Hochformat*) oder Quer (*Querformat*) bedruckt wird.

Drucken

Papierformat — Mit der Listbox unterhalb von *Papier* können Sie das Papierformat bestimmen. Im Normalfall sollten Sie den Wert A4 so belassen oder gegebenenfalls aktivieren.

Ränder — Die Eingabefelder unterhalb von *Ränder* bestimmen die Druckränder.

Zentrierung — Mit den Ankreuzfeldern *Horizontal* und *Vertikal* können Sie das Dokument horizontal oder vertikal auf dem Papier zentrieren.

Druckreihenfolge — *Seitenreihenfolge* bestimmt die Druckreihenfolge der einzelnen Seiten.

Skalierung — Mit *Skalierung: Verkleinern/Vergrößern* können Sie den Ausdruck skalieren und dabei entweder verkleinern (<100%) oder vergrößern (>100%).

Automatische Anordnung — Mit *Anpassen: x Seite(n) breit x Seite(n) hoch* veranlassen Sie Excel dazu, das gesamte Dokument auf *x* Seiten in der Höhe und *y* Seiten in der Breite darzustellen.

Zeile- und Spaltenköpfe — Wenn *Zeilen- und Spaltenköpfe* angekreuzt ist, werden die Zeilen/Spaltenköpfe mitgedruckt,

Zellrahmen — *Gitternetzlinien* legt fest, ob die Rahmen um die Zellen mitgedruckt werden, *Schwarz-/Weißzellen* bestimmt, ob die Zellen mit sämtlichen Farbgestaltungsattributen gedruckt werden oder ob sie Schwarzweiß abgebildet werden sollen.

Erste Seitennummer: legt fest, bei welcher Seitenzahl die Drucknumerierung beginnen soll. Sie sehen also, daß Sie eine Menge Einstellungen für den Druck vornehmen können. Mit den Schaltflächen *Kopfzeile* und *Fußzeile* können Sie wie in einer Textverarbeitung Kopf- und Fußzeilen festlegen.

Darüber hinaus können Sie über die *Optionen*-Schaltfläche noch Einstellungen beeinflussen, die den Druck selber betreffen. Wenn Sie *Optionen* angeklickt haben, erscheint eine weitere Dialogbox, in der Sie unter anderem unter *Farbmischung* einstellen können, wieviel Aufwand bei der Umrechnung der Farben betrieben wird. Zusätzlich dazu können Sie die Druckdichte von Hell auf Dunkel stufenlos regulieren und bestimmen, ob die TrueType-Zeichensätze von Windows 3.1 als Grafikdruck ausgegeben werden sollen. Mit *OK* können Sie den Einstellungs-Dialog verlassen, *Schließen* beendet die *Seitenansicht*-Funktion.

Drucken

Nachdem nun fast alle Voreinstellungen getroffen sind, kann der eigentlich Druckvorgang beginnen. Rufen Sie dazu *Datei/Drucken* auf.

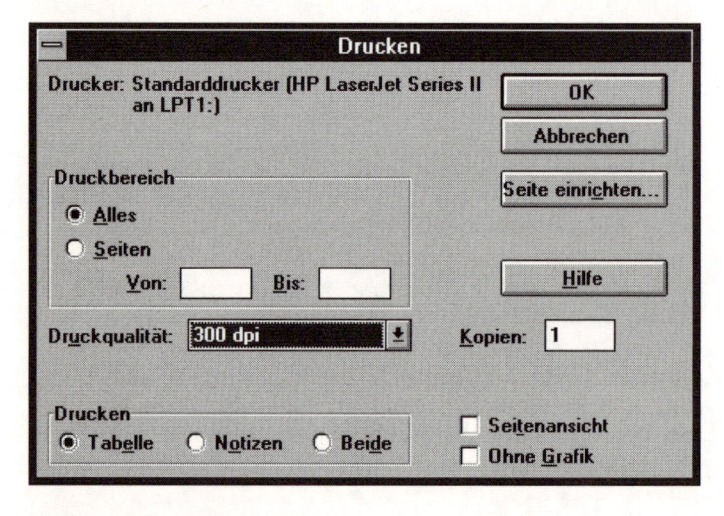

Abbildung 65: Druck Dialog

Sie können nun noch einige Details beeinflussen:

Seiten bestimmen	*Druckbereich* bestimmt, welche Teile des Dokumentes gedruckt werden sollen. Wenn Sie *Alles* aktivieren, wird die komplette Tabelle gedruckt, während die Option *Seiten von bis* den Ausdruck von Teilen bzw. einzelnen Seiten ermöglicht.

─────────────────────────────────────── **Drucken** ───

Unterhalb von *Drucken* können Sie festlegen, ob nur die *Tabelle*, die *Notizen* oder *Beides* gedruckt wird.   *Druckelemente*

In *Kopien* können Sie eintragen, wie oft die Seite(n) gedruckt werden sollen.   *Anzahl*

Mit dem Ankreuzfeld *Ohne Grafik* können Sie den Druckvorgang beschleunigen, da dann keine Grafiken mit ausgegeben werden. Das Feld *Seitenansicht* bestimmt den Druck-Modus. Ist es angekreuzt, wird nach *OK* lediglich in den Seitenansicht-Modus geschaltet. Ist das Feld nicht angekreuzt, wird nach *OK* wirklich gedruckt. Mit *OK* bestätigen Sie die Einstellungen und die Beispieltabelle wird ausgedruckt.

Druck vorbereiten

Datei/Seitenvorschau aufrufen.
Einzelne Seiten mit *Weiter / Vorher* betrachten.
Ränder mit der *Ränder*-Schaltfläche einblenden und verändern.
Layout.. aufrufen, um Seitenparameter zu bestimmen.
Mit *Drucken* Druckauftrag starten.

7. Excel-Details

In den vorangegangenen Kapiteln haben Sie die wichtigsten Funktionen kennengelernt, um Tabellen zu erstellen und zu bearbeiten. Zusätzlich existieren noch weitere nützliche Funktionen, die die Arbeit mit Excel vereinfachen. Diese Details sollen in diesem Kapitel, größtenteils von großen Beispielen losgelöst, erläutert werden.

7.1 Zellschutz

In der heutigen Zeit spielt Teamarbeit eine immer größer werdende Rolle.

Tabellenschutz

So kann es durchaus vorkommen, daß mehrere Mitarbeiter eine Excel-Datei bearbeiten. Das zieht neue Probleme nach sich. Was ist mit Daten, die von anderen nicht geändert werden sollen? Wie schützt man firmeninterne Berechnungsformeln vor den neugierigen Augen anderer?

Mit Excel 4 gehören diese Probleme der Vergangenheit an. Das Zauberwort heißt "Datei- und Zellschutz". Die Vorgehensweise, um Teile einer Datei zu schützen, ist dabei folgende:

1. Festlegen, welche Zellen bzw. Formeln zu schützen sind,

2. Aktivieren des Schutzes mit Festlegung eines Deaktivierungs-Paßwortes.

Zellen und Formeln schützen

Als erstes sollten Sie den Bereich der Tabelle markieren, der nicht geschützt werden soll. Dann rufen Sie aus der Menüleiste *Format/Zellschutz* auf. Eine Dialogbox wird geöffnet, in der Sie nun bestimmen können, wie die Zellen zu schützen sind.

Excel-Details

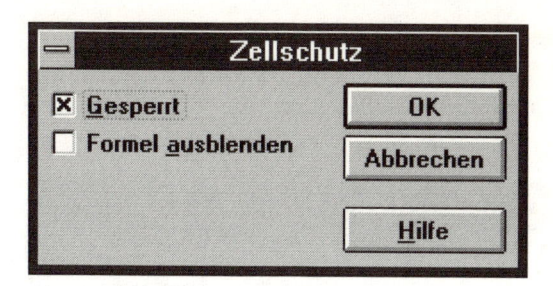

Abbildung 66: Zellschutz festlegen

Sie können nach diesemVerfahren auch Grafikobjekte und Diagramme schützen. Wenn Sie ein Grafikobjekt markieren und dann das *Format*-Menü öffnen, existiert der Menüpunkt *Objekt schützen*.

☞ Hinweis

Analog finden Sie im Diagramm-Modus im *Diagramm*-Menü den Menüpunkt *Diagramm schützen*.

Der Zellschutz arbeitet invertiert. Wenn Sie die Tabelle schützen, ohne vorher den Zellschutz zu verändern, werden alle Zellen geschützt. *Gesperrt* ist somit Voreinstellung.

Zellschutz-Prinzip

Wenn Sie das Ankreuzfeld *Gesperrt* deaktivieren, kann die Zelle bei aktiviertem Schutz verändert werden, sonst nicht.

Formeln ausblenden

Mit dem Ankreuzfeld *Formel ausblenden* machen Sie eventuell in den markierten Zellen existierende Formeln für andere Benutzer unsichtbar (solange der Dateischutz aktiv ist).

Nachdem Sie die entsprechenden Einstellungen getroffen haben, bestätigen Sie mit *OK*. Nach demselben Prinzip stellen Sie die Schutzparameter für die anderen Zellen ein.

Nochmals zur Erinnerung: Wenn Sie den Zellschutz nicht verändern, ist er nach dem Aktivieren des Dateischutzes für alle Zellen angeschaltet.

☞ Hinweis

107

Excel-Details

Aktivieren des Dateischutzes

Als zweiter Schritt wird der Schutz nun aktiviert. Rufen Sie dazu aus dem *Optionen*-Menü die Funktion *Datei schützen* auf.

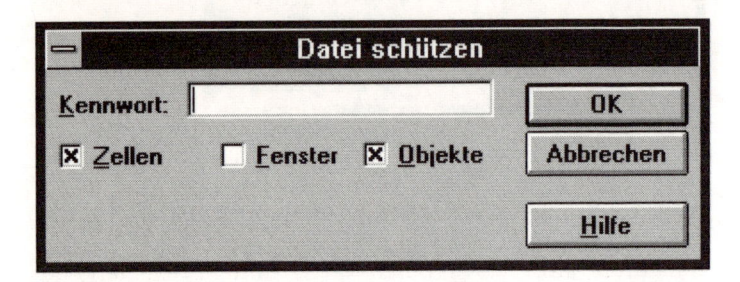

Abbildung 67: Dateischutz aktivieren

Mit den Ankreuzfeldern unterhalb von *Kennwort* können Sie bestimmen, auf welche Bereiche sich der Schutz bezieht.

Schutzbereiche

Zellen	Aktiviert den Schutz für alle Zellen, die vorher nicht davon ausgenommen wurden.
Fenster	Schützt alle Fenster im Arbeitsbereich (dazu später mehr).
Objekte	Blockiert alle Grafikobjekte, die nicht vom Schutz ausgenommen wurden.

Kennwort setzen

Nachdem diese Vorauswahl getroffen ist, können Sie ein *Kennwort* bestimmen, mit dem es möglich ist, den Schutz hinterher auch wieder aufzuheben. Geben Sie dazu in Kennwort ein entsprechend Wort ein und bestätigen Sie mit *OK*. Excel läßt Sie das Kennwort dann nochmal eingeben (um Tippfehler zu vermeiden) und aktiviert daraufhin den Dateischutz.

Schutz aufheben

Wenn Sie später im *Optionen*-Menü die Funktion *Dateischutz aufheben* anwählen, fragt Excel nach dem Kennwort und hebt den Schutz bei korrekter Eingabe auf.

Zellen schützen

Alle Zellen markieren, die nicht geschützt werden sollen.
Format/Zellschutz aufrufen und Zellen entsperren.
Optionen/Dateischutz aufrufen, um Schutz zu aktivieren.
Später nach *Optionen/Dateischutz* aufheben Kennwort eingeben, Schutz wird aufgehoben.

7.2 Notizen

Genau wie auf einem normalen Blatt Papier können Sie auch in Excel-Tabellen Notizen festhalten. Im Gegensatz zu den meist unleserlichen Randnotizen auf "analogen" Tabellen sind Notizen mit Excel elegant zu verwalten.

Notizen werden dabei einer Zelle zugeordnet. Um eine Notiz zu einer Zelle zu erfassen, rufen Sie *Format/Notiz..* auf. Eine Dialogbox wird geöffnet:

Notiz-Organisation

Abbildung 68: Notiz-Dialog

Excel-Details

Zelladresse Das Eingabefeld *Zelle* enthält die Adresse der aktuellen Zelle. Diese können Sie nun noch nachträglich verändern, indem Sie einfach eine andere Adresse in das Feld eingeben, oder in der Tabelle eine andere Zelle "anfahren".

Notiz In dem mehrzeiligen Eingabefeld *Textnotiz* können Sie dann die eigentliche Notiz eingeben und mit der *Einfügen-*Schaltfläche übernehmen.

Liste Aus der Liste *Notizen in der Tabelle* können Sie aus der Liste der bereits eingegebenen Notizen wählen.

Tonnotiz Eine besondere Rolle spielen die Schaltfläche innerhalb des Bereiches unter *Tonnotiz.* Im Zuge von MultiMedia ist Excel 4 in der Lage, Klangnotizen aufzuzeichnen, bereits bestehende Klänge einzugliedern und die Klänge dementsprechend auch wieder abzuspielen.

So können Sie eine gesprochene Notiz an eine Zelle "anheften". Mit der Schaltfläche *Aufzeichnen..* starten Sie die Aufnahme. Daraufhin erscheint eine Art Mini-Kassettenrecorder, mit dem Sie Klänge aufzeichnen können.

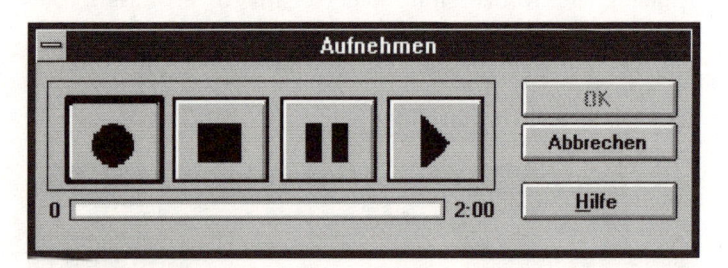

Abbildung 69: Der Rekorder

Die Funktion der Schaltflächen von links nach rechts: *Aufnahme, Stop, Pause, Wiedergabe.* Unterhalb davon können Sie in einer Anzeige ablesen, wie lange Sie bereits aufzeichnen. Mit *OK* übernehmen Sie so aufgezeichnete Klänge.

Abspielen Nachdem Klänge aufgezeichnet wurden, können Sie sie mit *Abspielen* wiedergeben.

Excel-Details

Mit *Importieren* rufen Sie eine Dateiauswahl auf, um bestehende .WAV-Klangdateien zu integrieren.

Wenn Sie eine Tonnotiz hinzugefügt haben, erscheint in der Liste links ein Sternchen (*) vor der eigentlichen Notiz.

Darstellung

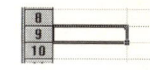

Mit *Einfügen* übernehmen Sie die so entstandene Notiz, *Löschen* entfernt sie wieder. *Schließen* beendet den Notiz-Dialog. Wenn Sie eine Zelle mit einer Notiz versehen haben, blendet Excel in der rechten oberen Ecke einen kleinen roten Punkt ein.

Notiz wiedergeben

Wenn Sie die Zelle nun mit der linken Maustaste doppelt anklicken, geschehen je nach Notiz zwei Dinge:

1. Enthält die Notiz einen Klang, so wird dieser abgespielt.

2. Enthält die Notiz einen Text, so wird der Notiz-Dialog geöffnet, und Sie können die Notiz lesen.

7.3 Reihen berechnen

In den ersten Kapiteln haben Sie bereits gesehen, wie man Tabellen und Zahlenkolonnen relativ komfortabel eingibt. Excel hält jedoch noch eine weitere Funktion bereit, die die Tabelleneingabe und Weiterberechnung logischer Reihen vereinfacht: die Funktion *Reihe berechnen*. Nehmen wir an, Sie möchten in einer Tabelle eine Reihe mit Wochentagen beschriften. Im Normalfall würden Sie vermutlich jede einzelne Zelle mit dem entsprechenden Wochentag füllen. Excel vereinfacht das!

Excel-Details

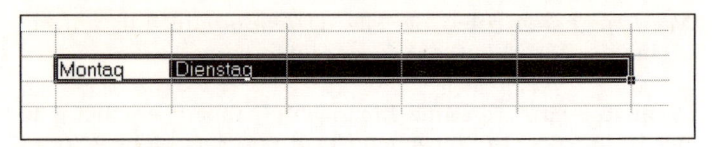

Abbildung 70: Vorbereitete Reihe

Klicken Sie die ganze Reihe an und rufen Sie *Daten/Reihe berechnen* auf.

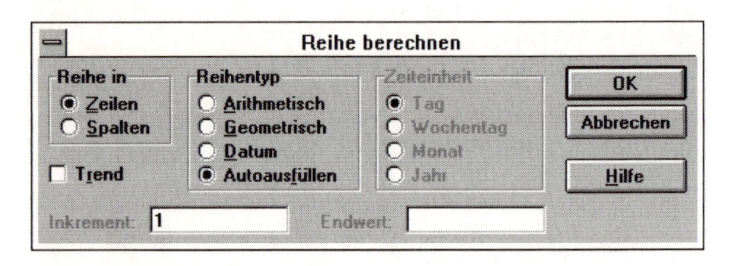

Abbildung 71: Reihe berechnen

In der daraufhin geöffneten Dialogbox haben Sie folgende Einstellungsmöglichkeiten:

Reihenparameter

Reihe in	Hiermit bestimmen Sie, ob horizontal (*Reihen*) oder vertikal (*Spalten*) gefüllt werden soll.
Reihentyp	Mit diesen Optionsfeldern können Sie die Art der Füllroutine bestimmen.
Arithmetisch	Erhöht von einer Zelle zur nächsten um *Inkrement*, maximal bis *Endwert*.
Geometrisch	Multipliziert jede Zelle mit *Inkrement*.
Datum	Erhöht entsprechend der Einstellungen in *Zeiteinheit* um *Inkrement* Einheiten.

Excel-Details

Tip

Wenn Sie das Ankreuzfeld *Trend* aktivieren, versucht Excel, die Zellen zu analysieren und errechnet selber einen mathematisch erstellten Inkrement.

Für unser angesprochenes Beispiel (Wochentage) kommt die Funktion *Autoausfüllen* in Betracht. *Autoausfüllen* führt die Reihe, die sich aus den bestehenden Daten in den markierten Zellen ergibt, fort. Wenn Sie also z.B. in die ersten beiden Zellen "Montag" und "Dienstag" schreiben, erkennt *Autoausfüllen* das, und führt die Reihe mit "Mittwoch", "Donnerstag" etc. fort. Abgesehen davon, daß hinter dieser Funktion ein nicht unerheblicher Programmieraufwand steht, ist *Autoausfüllen* in der praktischen Arbeit mehr als nützlich.

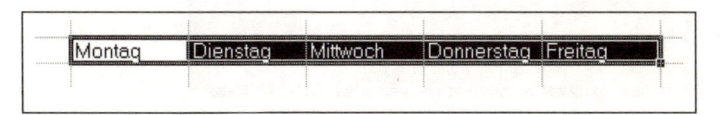

| Montag | Dienstag | Mittwoch | Donnerstag | Freitag |

Abbildung 72: Berechnete Reihe

7.4 Arbeiten mit mehreren Tabellen

Bisher haben Sie vermutlich immer nur mit einer Tabelle gearbeitet. Doch oft ist es wünschenswert, mehrere Tabellen gleichzeit zu bearbeiten - kein Problem, Windows macht's möglich.

Wenn Sie zu einer bestehenden Tabelle eine weitere dazuladen wollen, so ist das kein Problem. Rufen Sie einfach *Datei/öffnen* auf oder klicken Sie das *Datei-laden*-Symbol in der Symbolleiste an. Dann wählen Sie die entsprechende Datei aus.

Auf den ersten Blick entdecken Sie keinen großen Unterschied - außer das jetzt die zuletzt geladene Datei dargestellt wird. Die bisher geladenen Tabellen sind jedoch keineswegs im Nirwana gelandet. Mit Hilfe des *Fenster*-Menüs können Sie die eingeladenen Tabellenfenster entsprechend manipulieren.

113

Excel-Details

Neues Fenster

Fenster/Neues Fenster öffnet ein weiteres Fenster, in dem die aktuelle Tabelle sozusagen erneut dargestellt wird.

Fenster/Anordnen ruft einen Dialog auf, in dem Sie die Anordnung der Fenster bestimmen können:

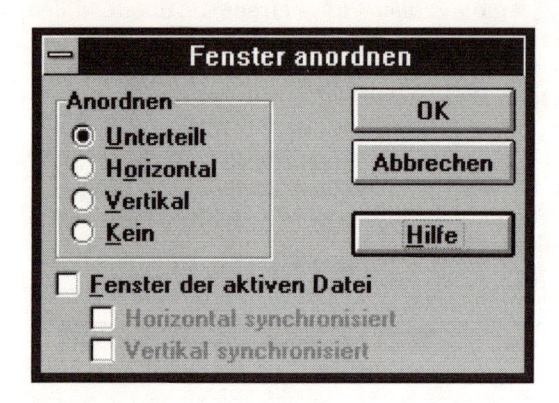

Abbildung 73: Fensterdarstellung manipulieren

Unterteilt ordnet die eingeladenen Tabellen so an, daß alle gleichzeitig auf dem Bildschirm sichtbar sind.

Horizontal ordnet die Fenster horizontal untereinander an.

Vertikal ordnet analog dazu nebeneinader an.

Wenn Sie das Ankreuzfeld *Fenster der aktiven Datei* aktivieren, können Sie eine Synchronisation der verschiedenen Fensteransichten einschalten. Wenn Sie dann eine Bildlaufleiste verschieben, verschieben sich dementsprechend die Ausschnitte der anderen Fenster. Über die Schaltflächen *Horizontal synchronisiert* und *Vertikal synchronisiert* können Sie dann bestimmen, welche Bildlaufleisten synchronisiert werden sollen.

Fenster verstecken

Mit der Funktion *Fenster/ausblenden* können Sie Fenster gezielt ausblenden, um mehr Übersicht zu erhalten.

Wenn Sie ein so unsichtbar gemachtes Fenster wieder sichtbar machen möchten, rufen Sie *Fenster/einblenden* auf. Aus einem Dialog kann dann ausgewählt werden, welche Tabelle wieder sichtbar gemacht werden soll.

Mit *Fenster/Teilen* können Sie eine Tabelle in zwei Teile gliedern. Analog macht *Teilung aufheben* die Teilung wieder rückgängig.

Teilung

Zusätzlich können Sie Fenster auch *Fixieren* und die Fixierung wieder aufheben.

Zoomen

Ein besonderes Bonbon ist die *Zoom*-Funktion, mit der Sie Tabellen vergrößern- und auch verkleinern können. Rufen Sie dazu *Fenster/Zoom* auf.

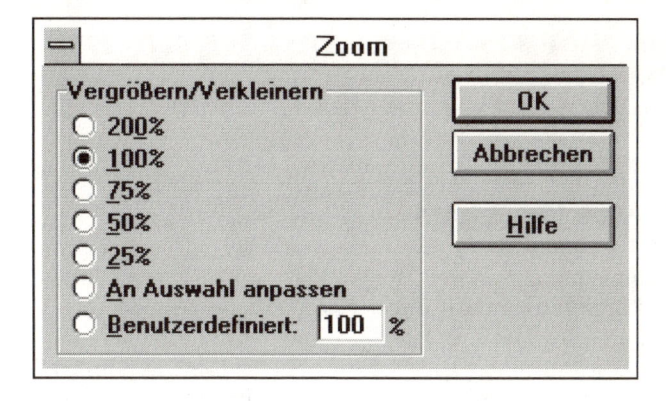

Abbildung 74: Zoom-Dialog

Mit den Optionsfeldern *200%*, *100%*, *75%*, *50%* und *25%* können Sie die verschiedenen Vergrößerungsstufen anwählen. *An Auswahl anpassen* vergrößert so, daß der markierte Teil der Tabelle genau in den Ausschnitt paßt. Im Eingabefeld neben *Benutzerdefiniert* können Sie bei Bedarf auch einen abweichenden Vergrößerunsfaktor eingeben.

Excel-Details

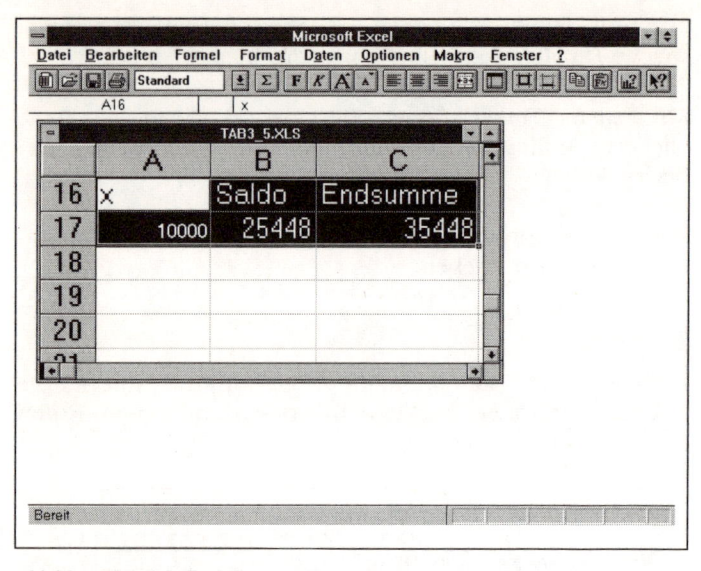

Abbildung 75: Tabelle 3_5 um 195% vergrößert

7.5 Arbeitsmappen

Als Konsequenz aus der Möglichkeit, mit mehreren Tabellen zu arbeiten, enthält Excel 4 sog. Arbeitsmappen.

Das Prinzip

Unter einer Arbeitsmappe können Sie sich etwas ähnliches wie einen Aktenordner vorstellen. In eine solche Arbeitsmappe können Tabellen, Diagramme aufgenommen werden. Der Vorteil einer Arbeitsmappe ist, daß Sie nach dem Laden alle Elemente (Tabellen, Diagramme etc.) direkt wieder beieinander haben, und nicht langwierig alles wieder zusammenfügen müssen.

Arbeitsmappe anlegen

Um eine Arbeitsmappe anzulegen, rufen Sie *Datei/Arbeitsmappe speichern* auf.

Ein Datei-Dialog erscheint, mit dem Sie die neue Arbeitsmappe erstmalig mit der Endung .XLW abspeichern können. Danach können Sie in einem speziellen ArbeitsmappenModus arbeiten.

Wenn zu diesem Zeitpunkt keine Tabellen oder Diagramme geöffnet sind, ist in der dargestellten Tabelle keine Eintragung zu sehen. Mit der *Hinzufügen*-Schaltfläche können Sie nun Tabellen o.ä. integrieren:

Abbildung 76: Hinzufügen-Dialog

Mit *Neu* legen Sie eine neue Tabelle, ein neues Diagramm etc. an, die *Öffnen*-Schaltfläche öffnet einen Datei-Dialog, aus dem Sie dann eine zu ladende Datei auswählen können.

Hinzufügen übernimmt die so ausgewählte Datei.

Übernehmen

Nachdem eine Datei hinzugefügt wurde, verändert sich die Anzeige im Arbeitsmappen-Modus:

Excel-Details

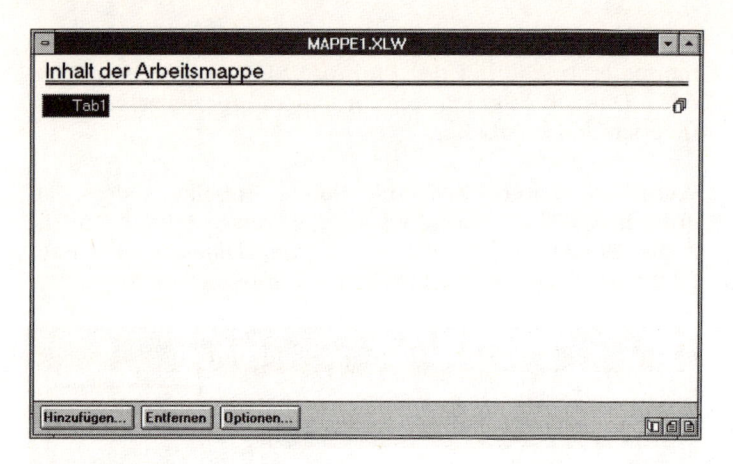

Abbildung 77: Hinzugefügte Datei

Datei entfernen Eine so eingefügte Datei können Sie mit der *Entfernen*-Schaltfläche wieder entfernen.

Bearbeiten des Inhaltes

Um die eingebundenen Dateien bearbeiten zu können, existieren drei kleine Schaltflächen in der unteren rechten Bildschirmecke:.

Die linke Schaltfläche ruft den Bildschirm auf, den Sie bereits kennen. Die mittlere Schaltfläche blättert eine Datei zurück, die rechte eine Datei vor. Auf diese Art und Weise können Sie sich durch die Arbeitsmappen-Dateien bewegen.

Einbindung

Im Übersichtsfenster ist Ihnen bestimmt schon das kleine Symbol aufgefallen, das zu jeder Datei rechts eingeblendet wird. Genauer gesagt gibt es zwei:

Das erste Symbol steht für "Datei nicht eingebunden". Eine solche Datei ist zwar mit der Arbeitsmappe verbunden, kann jedoch alleinstehend bearbeitet werden.

Wenn Sie auf das Symbol klicken, verändert es sich zur zweiten Version. Eine solche Datei ist fest in die Arbeitsmappe eingebunden und kann auch nur in ihr bearbeitet werden.

Mit der Schaltfläche *Optionen* in der Übersicht können Sie einen Dialog öffnen:

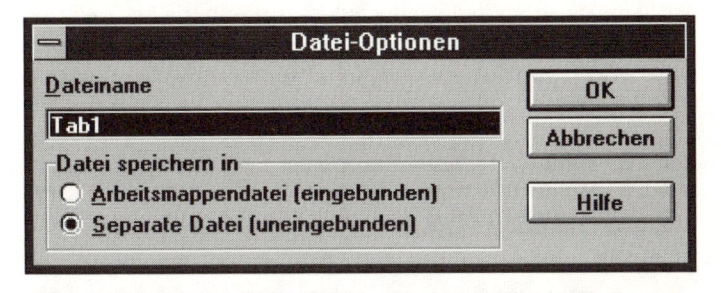

Optionen einstellen

Abbildung 78: Options-Dialog

Unterhalb von *Dateiname* können Sie den Dateinamen jeder einzelnen Datei verändern. Mit den Schaltflächen *Arbeitsmappendatei (eingebunden)* und *Separate Datei (uneingebunden)* können Sie denselben Effekt erzielen, als wenn Sie auf das Verbinden-Symbol klicken.

Wenn Sie so Ihre Arbeitsmappe zusammengestellt haben, können Sie sie mit *Datei/Arbeitsmappe speichern* den aktuellen Stand sichern.

Erneut sichern

Laden von Arbeitsmappen

Später können Sie eine solche Arbeitsmappe selbstverständlich auch wieder laden. Dazu rufen Sie *Datei/Öffnen* auf. Dann klicken Sie in die Liste *Dateiformat* und wählen *Excel-Arbeitsmappe (*.XLW)* aus.

119

7.6 Makros

Excel bietet die Möglichkeit, bestimmte immer wiederkehrende Vorgänge zu automatisieren. Dabei wird die sogenannte Makro-Fähigkeit eingesetzt.

Hauptanwendung ist das Aufzeichnen von Operationsfolgen, um diese später wiederholen zu können. Als Beispiel soll eine Funktion dienen, um per Tastaturkombination in einer Zelle direkt die Mehrwersteuer (14%) dazuzurechnen.

Aufzeichnung beginnen

Dazu muß wie bei einem Rekorder die Aufnahme gestartet werden. Rufen Sie dazu aus dem *Makro*-Menü die Funktion *Aufzeichnung beginnen* auf. Eine Dialogbox wird geöffnet:

Abbildung 79: Aufzeichnung beginnen

Im Eingabefeld *Name* können Sie einen Namen angeben, unter dem das Makro dann später abgerufen werden kann. Geben Sie hier "MWST" an. Das Feld *Taste* enthält eine Taste, die in der Kombination mit [Ctrl] dann später das Makro auslöst. Geben Sie hier "M" an. Als letztes müssen Sie sich unterhalb von *Makro speichern in* noch entscheiden, ob das Makro in einer neuen Makrovorlage (*Neuer Makrovorlage*) gespeichert wird oder in der globalen Makrovorlage (*Globale Makrovorlage*) abgelegt wird. Diese Makrovorlage ist später jederzeit wieder verfügbar.

Excel-Details

Wenn Sie mit *OK* bestätigen, beginnt die Aufzeichnung. Wie schon erwähnt, soll als Beispiel die Mehrwertsteuer berechnet werden. Klicken Sie dazu an den Anfang der Eingabezeile überhalb der Tabelle und geben Sie das Gleichheitszeichen "=" ein, um Excel zu signalisieren, daß hier eine Berechnung folgt. Danach drücken Sie `End`, um an das Ende der Zelle zu positionieren. Abschließend ergänzen Sie die Zeile um "*1,14" und bestätigen mit `Return`. Haben Sie z.B. eine Zelle gewählt, in der vorher bereits der Wert "100" stand, würde das so aussehen:

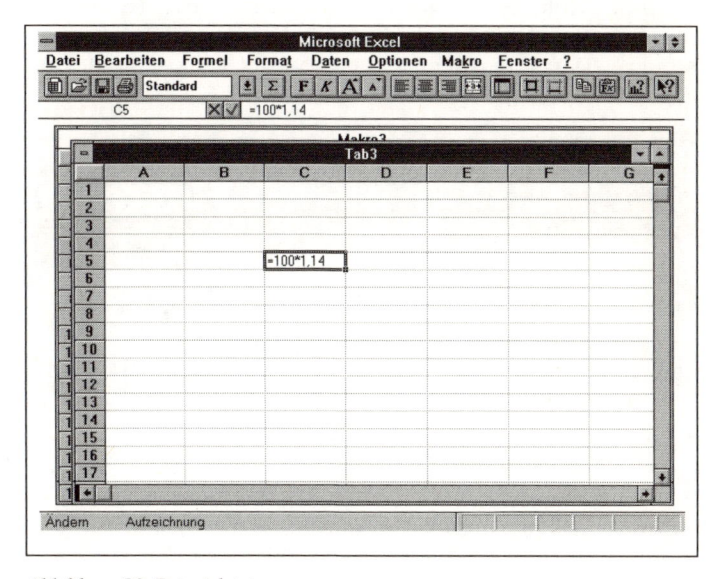

Abbildung 80: Beispieleintrag

Nun schließen Sie die Aufzeichnung mit *Makro/Aufzeichnung beenden* ab.

Aufzeichnung beenden

Sie können nun in jeder Zelle die Mehrwertsteuer berechnen, indem Sie den Zellencursor auf die entsprechende Stelle bewegen und dann `Ctrl`+`M` drücken.

Mit *Makro/Ausführen* können Sie ein Makro auswählen und ausführen, wobei Sie mit *Schritt* eine schrittweise Ausführung vornehmen können.

Ausführen

121

Excel-Details

Hinweis — Mit dem umschaltbaren Menüpunkt *Relative* und *Absolute Aufzeichnung* können Sie bestimmen, ob Zelladressen relativ oder absolut behandelt werden.

Zuweisen — Sie können ein Makro auch einem beliebigen Grafikelement zuweisen und sich dadurch sozusagen eigene Schaltflächen in die Tabelle einbauen.

Unser Beispiel soll auf eine Art Schaltfläche mit der Beschriftung "Mehrwertsteuer" gelegt werden. Zeichnen Sie dazu mit Hilfe der *Zeichnen*-Symbolleiste einen Textkasten mit Schatten und beschriften Sie diesen mit "Mehrwertsteuer". Dann markieren Sie dieses Grafikelement und rufen *Makro/Objekt zuweisen* auf:

Abbildung 81: Objekt zuweisen.

Aus der angezeigten Liste können Sie nun auswählen, welches Makro zugewiesen werden soll. Klicken Sie auf das Mehrwertsteuer-Makro und drücken Sie dann [Return] (oder bestätigen Sie mit *OK*). Das Objekt wird dann zugewiesen. Wenn Sie nun auf die so erstellte Schaltfläche klicken, wird die aktuelle Zelle entsprechend multipliziert.

Programmierung

Wenn Sie nun das *Fenster*-Menü öffnen, sehen Sie als neues Fenster ein mit "Makro1"-betiteltes Fenster. Wenn Sie dieses Fenster in den Vordergrund bringen, sehen Sie einige Einträge, die wie Funktionsaufrufe aussehen.

Excel-Details

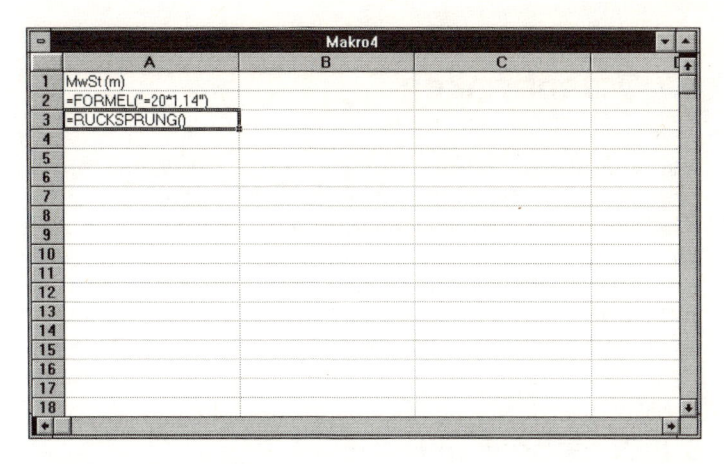

```
         Makro4
        A           B           C
 1  MwSt (m)
 2  =FORMEL("=20*1,14")
 3  =RUCKSPRUNG()
```

Abbildung 82: Makro als Programm

Diese Tabelle mit Text ist die "schriftliche" Aufzeichnung Ihres vorhin erstellten Makros.

Neben der reinen Aufzeichnung von Makros können Sie somit auch selber Makro-Abläufe programmieren. Die so veränderten Makros können Sie selbstverständlich auch speichern.

8. Datenbanken

Wie am Anfang dieses Buches bereits erwähnt, bietet Excel 4 wesentlich mehr, als einfach nur Tabellen zu bearbeiten. Eines dieser Details ist die Datenbankfunktion. Im *Daten*-Menü befinden sich die nötigen Funktionen, um eine Datenbank einfach und komfortabel anzulegen und zu bearbeiten. Als Beispiel für dieses Kapitel soll uns eine einfache Lagerverwaltung einer fiktiven PC-Firma dienen.

8.1 Datenbank anlegen

Voraussetzungen

Damit eine Tabelle in eine Datenbank "verwandelt" werden kann, muß sie ein bestimmtes Format aufweisen. Die Tabellenspalten enthalten die einzelnen Felder der Datenbank, jede Zeile wird als Datensatz behandelt.

Unsere fiktive Tabelle enthält deswegen in den Zellen A1 bis H1 die Bezeichnung der Feldnamen:

Feldnamen der Beispieltabelle

Artikelbezeichnung	Name des Artikels
Artikelnummer	Nummer des Artikels
EK-Preis	Einkaufspreis
VK-Preis	Verkaufspreis
Bestell-Nummer	Bestell Nr. beim Großhändler
Am Lager	Anzahl der vorrätigen Teile
Bestellt	Kundenbestellungen
Auftrag	Vorbestellungen an den Großhändler

Beispielwerte

Die einzelnen Datensätze sind mit Beispielwerten aufgefüllt.

Datenbanken

	A	B	C	D	E	F	G	H
1	Artikelbezeichnung	Artikel Nr.	EK Preis	VK Preis	Bestell Nr.	Am Lager	Bestellt	Auftrag
2	Board 486/50 DX2	2528	600	10000	1242/20	4	2	8
3	HD TS 1144a	1202	300	650	ST1144a	30	3	9
4	VGA TE 4000	1503	100	200	ET4/01	20	5	10
5	MusicBlaster	1909	390	420	SBP/03	5	5	5
6	PictureBlaster	1910	699	820	VB/01	0	0	10
7	XGA-Blaster	1911	699	830	VB/02	0	0	10
8	Gehäuse DeskTop	3012	100	190	1201/2	5	5	20
9	Gehäuse Tower	3013	200	290	1201/3	5	5	20
10	Gehäuse AT	3014	100	200	1201/4	0	0	0
11	Maus GENUSSEN	1209	20	40	4402	0	30	200

Abbildung 83: Beispieltabelle für die Datenbank

Um nun aus der Tabelle eine Datenbank zu machen, markieren Sie alle gefüllten Zellen und rufen dann *Daten/ Datenbank festlegen* auf.

Überführen in eine Datenbank

Augenscheinlich passiert nichts Weltbewegendes, aber intern überführt Excel die Daten der Tabelle in sein Datenbankformat.

8.2 Datenbank bearbeiten

Nachdem auf diese simple Art und Weise eine Datenbank dimensioniert wurde, können Sie sie beliebig verändern. Manuell geschieht das über den Menübefehl *Daten/ Maske*.

Ein Dialogfenster erscheint, das Ihnen die grundsätzlichen Datenbankfunktionen ermöglicht:

Datenbanken

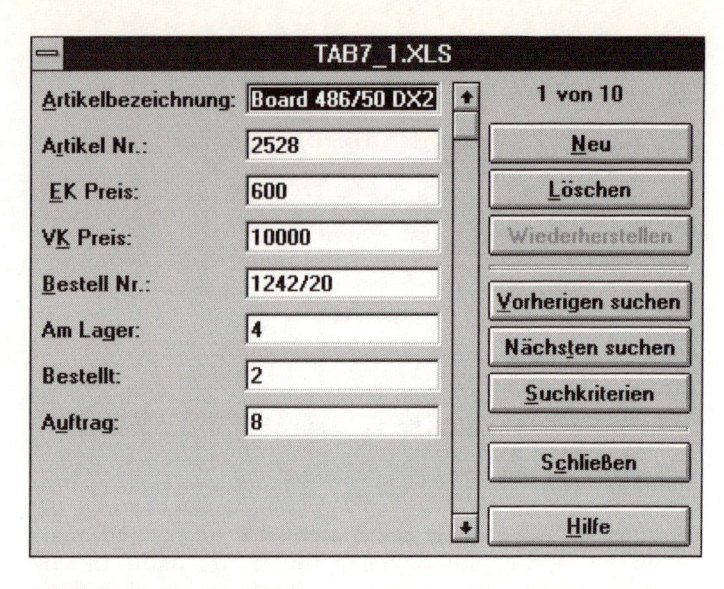

Abbildung 84: Datenbank-Dialog

Auf der linken Seite dieses Dialogfensters sehen Sie nun Ihre Feldbezeichner und rechts daneben den entsprechenden Inhalt des aktuellen Datensatzes. Sie können in die Felder klicken, um den Inhalt zu verändern und sind somit nicht gezwungen, die Daten in der Tabelle zu bearbeiten.

Änderungen zurücknehmen Wenn Sie in den Eingabefeldern Änderungen vorgenommen haben, diese aber noch nicht mit ⌜Return⌝ übernommen sind, können Sie die Veränderungen mit der *Wiederherstellen*-Schaltfläche rückgängig machen.

Rechts oben befindet sich eine Anzeige *xx von xx*, die darstellt, in welchem Datensatz (von wie vielen) Sie sich befinden. Auf der rechten Seite befindet sich ein Schiebebalken sowie eine Gruppe von Schaltflächen, die nun näher betrachtet werden sollen:

Bewegen in den Datenbanksätzen

Mit den vertikalen Schiebebalken können Sie sich "durch" die Datensätze bewegen, sprich, einen beliebigen Daten-

Datenbanken

satz betrachten. Das eigentliche Verschieben geschieht dabei im Normalfall über die Pfeilschaltflächen.

Wenn Sie in den Bereich des Schiebebalkens, direkt unter die obere Pfeilschaltfläche klicken, wird auf den ersten Satz positioniert.

Erster Satz

Im Gegenzug können Sie auch direkt über die untere Pfeilschaltfläche klicken. Dabei wird jedoch nicht der letzte Satz angezeigt, sondern es erscheint ein neuer, leerer Satz. Wenn Sie Ihn mit Daten auffüllen, wird er in die Kette der durchnumerierten Sätze aufgenommen.

Neuer Satz

Alternativ dazu können Sie auch durch einen Klick auf die *Neu*-Schaltfläche einen neuen, leeren Datensatz anfordern.

Über die Schaltfläche *Löschen* können Sie einen Satz löschen. Nach dem Anklicken von *Löschen* erscheint eine Sicherheitsabfrage, mit der Excel Ihnen mitteilt, daß der Datensatz nun endgültig gelöscht wird.

Satz löschen

Der Satz wird auch in der Tabelle gelöscht. Überlegen Sie also gut, bevor Sie einen Satz löschen!

▼ *Achtung*

8.3 Suchfunktionen

Der *Maske*-Dialog bietet Ihnen zusätzlich zu den grundlegenden Bearbeitungsoptionen noch eine einfache, aber doch recht mächtige Suchfunktion. Wenn Sie auf *Suchkriterien* klicken, erscheint eine leere Eingabemaske. In die leeren Felder können Sie nun Suchkriterien eingeben.

Einfache Suche

Der einfachste Zugriff ist die Suche nach einzelnen Begriffen.

Haben Sie die Daten aus der Beispieltabelle eingegeben, so können Sie jetzt z.B. nach dem Eintrag des Artikels

Beispiel

127

Datenbanken

"XGA-Blaster" suchen, indem Sie in das Feld "Artikel-bezeichnung" das Wort "XGA" eintragen.

```
┌─ TAB7_1.XLS ────────────────────────────┐
│                                          │
│  Artikelbezeichnung: [XGA      ]   Suchkriterien │
│  Artikel Nr.:        [        ]   [   Neu        ] │
│  EK Preis:           [        ]   [ Inhalte löschen ] │
│  VK Preis:           [        ]   [ Wiederherstellen ] │
│  Bestell Nr.:        [        ]   [ Vorherigen suchen ] │
│  Am Lager:           [        ]   [ Nächsten suchen ] │
│  Bestellt:           [        ]   [     Maske      ] │
│  Auftrag:            [        ]                    │
│                                    [   Schließen   ] │
│                                    [     Hilfe     ] │
└──────────────────────────────────────────┘
```

Abbildung 85: Abfrage nach "Artikel=XGA"

Vorwärts suchen — Klicken Sie dann auf die Schaltfläche *Nächsten Suchen*. Damit starten Sie die Vorwärtssuche. Der nächste gefundene Satz, der mit "XGA" anfängt, wird nun angezeigt.

Rückwärts suchen — Das Pendant zur Vorwärtssuche ist die Rückwärtssuche, die Sie mit *Vorherigen Suchen* ausführen können.

Verändern der Daten — Gefundene Datensätze können Sie beliebig verändern, indem Sie einfach auf die entsprechende Eingabezeile klicken oder mit `Tab` in die Eingabezeilen überwechseln.

Zurück zur Eingabe — Wenn Sie z.B. versehentlich *Suchkriterien* angewält haben, können Sie mit einem Klick auf die *Maske*-Schaltfläche zurück in den Editor-Modus wechseln.

128

Datenbanken

Suche mit Suchkriterien

Neben der einfachen Suche nach Inhalten können Sie auch Operatoren verwenden, um Klauseln wie "Größer als", "Kleiner als" etc. zu formulieren. Dadurch ist es möglich, Datensätze zu suchen, die bestimmten Bedingungen entsprechen.

Beispiel

Aus unserem Beispiel sollen nun alle Produkte herausgesucht werden, die weniger als fünfmal am Lager sind. Dazu wird der "Kleiner als"-Operator eingesetzt.

Klicken Sie nun zuerst wieder *Suchkriterien* an. In die Eingabezeile *Am Lager* tragen Sie folgende Abfrage ein:

```
< 5
```

Wenn Sie nun `Return` drücken oder die *Nächsten Suchen*-Schaltfläche anklicken, beginnt die Suche. Excel zeigt Ihnen nun den ersten gefunden Eintrag, "Picture Blaster" (nullmal am Lager) an. Wie Sie schon wissen, können Sie mit *Nächsten Suchen* wieder auf den nächsten, oder mit *Vorherigen Suchen* auf den vorhergehenden passenden Eintrag positionieren.

Operatoren

Auf diese Art und Weise können Sie folgende Operatoren zur Eingrenzung des gesuchten Datensatzes verwenden:

Operator	Funktion
<	Kleiner
>	Größer
=	Gleich
<=	Kleiner als
>=	Größer als
<>	Kleiner oder Größer / Ungleich

Suche mit Wildcards

Zusätzlich zu den Suchoperatoren können Sie auch sogenannte Wildcards benutzen. Wildcards sind Platzhalter für unbekannte Zeichen.

Datenbanken

*
Der Stern (auch Asterisk genannt), ist Platzhalter für eine Anzahl unbekannter Zeichen. Wenn Sie z.B. aus unserer Tabelle alle Einträge finden möchten, die auf "Blaster" enden, so müßten Sie (nach Anklicken von *Suchkriterien*) im Eingabefeld *Artikelbezeichnung* folgendes eingeben:

```
*blaster
```

Wenn Sie nun die Suche starten, werden die Datensätze "Musicblaster","Pictureblaster" und "XGA-Blaster" gefunden.

?
Das Fragezeichen ist dabei Platzhalter für ein unbekanntes Zeichen. Wenn Sie also z.B. in einer Tabelle die Einträge Müller, Möller und Mäller finden wollen, müßte das Suchkriterium

```
M?ller
```

heißen.

8.4 Sortierung

Um eine Datenbank übersichtlich zu halten, ist es üblich, die Daten sortiert zu speichern. Excel bietet zu diesem Zweck die Funktion *Sortieren*.

Sortierung vorbereiten
Um eine Tabelle (bzw. Datenbank) zu sortieren, müssen Sie zuerst alle zu sortierenden Daten markieren. Wichtig ist, daß Sie die Zeilen/Spaltenüberschriften nicht markieren - sie würden sonst wie Daten mitsortiert.

Nachdem das geschehen ist, rufen Sie aus dem *Daten*-Menü die Funktion *Sortieren* auf. Daraufhin erscheint eine Dialogbox, in der Sie die Sortier-Kriterien näher definieren können.

Datenbanken

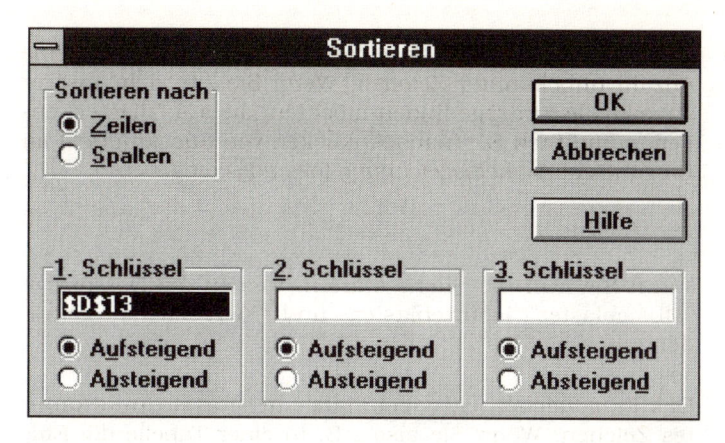

Abbildung 86: Der Sortier-Dialog

Als erstes müssen Sie mit den Optionsfeldern *Sortieren nach* zwischen *Zeilen* und *Spalten* auswählen, ob nach Reihen oder nach Spalten sortiert wird. Danach bestimmen Sie den oder die Sortierschlüssel, von denen Excel insgesamt drei zuläßt. Die Rangfolge ist dabei Schlüssel eins, zwei, drei (auch Sekundär- bzw. Tertierindex genannt).

Um den ersten Sortierschlüssel zu bestimmen, klicken Sie in das Feld unter *1. Schlüssel*. Sie können nun entweder direkt die Zelle angeben, die als Sortierkriterium dient, oder den Zellcursor positionieren.
Ersten Schlüssel bestimmen

Haben Sie sich zu der zweiten Möglichkeit entschlossen, bewegen Sie den Zellcursor mit den Cursortasten auf die entsprechende Zelle.

Unser Beispiel soll nach Artikelbezeichnung sortiert werden. Dazu geben Sie als Schlüssel entweder direkt "A2" ein, oder bewegen den Zellcursor auf die Zelle "Artikelbezeichnung".
Beispiel

Mit den Optionsfeldern *Aufsteigend/Absteigend* können Sie bestimmen, ob dem Alphabet nach aufsteigend oder abfallend sortiert wird.
Sortierfolge

131

Datenbanken

Sortierung auslösen

Wenn Sie nun `Return` drücken oder auf *OK* klicken, werden die markierten Zellen nach dem Schlüssel sortiert:

	A	B	C	D	E	F	G	H
1	Artikelbezeichnung	Artikel Nr.	EK Preis	VK Preis	Bestell Nr.	Am Lager	Bestellt	Auftrag
2	Board 486/50 DX2	2528	600	10000	1242/20	4	2	8
3	Gehäuse AT	3014	100	200	1201/4	0	0	0
4	Gehäuse DeskTop	3012	100	190	1201/2	5	5	20
5	Gehäuse Tower	3013	200	290	1201/3	5	5	20
6	HD TS 1144a	1202	300	650	ST1144a	30	3	9
7	Maus GENUSSEN	1209	20	40	4402	0	30	200
8	MusicBlaster	1909	390	420	SBP/03	5	5	5
9	PictureBlaster	1910	699	820	VB/01	0	0	10
10	VGA TE4000	1503	100	200	ET4/01	20	5	10
11	XGA-Blaster	1911	699	830	VB/02	0	0	10

Abbildung 87: Sortierte Tabelle

Mehrere Schlüssel

Mit dem zuvor beschriebenen Verfahren können Sie auch Zweit- und Dritt- Sortierschlüssel festlegen und somit eine hierarchische Sortierung durchführen.

8.5 Datenbankoperationen in der Tabelle

Auch außerhalb des *Maske*-Dialoges können Sie Datenbankfunktionen anwenden.

Suchen außerhalb des Dialoges

So ist es z.B. möglich, in der Tabelle nach Daten zu suchen.

Um ein Suchkriterium in der Tabelle zu definieren, kopieren Sie den Spaltentitel des Suchkriteriums in eine leere Zelle. Dann formulieren Sie in der darunterliegenden Zelle das Suchkriterium. Beide Zellen markieren Sie und rufen *Daten/Suchkriterien festlegen* auf. Wenn Sie daraufhin *Daten/Suchen* aufrufen, markiert Excel den ersten gefundenen Satz in der Tabelle.

Datenbanken

Mit *Bearbeiten/Wiederholen: Suchen* können Sie dann den nächsten passenden Satz suchen.

Weitersuchen

Wurden Sätze gefunden, können Sie diese löschen, indem Sie *Daten/Löschen* aufrufen. Nach einem Warn-Dialog werden dann alle dem Suchkriterium entsprechenden Datensätze gelöscht.

Sätze löschen

8.6 Daten extrahieren

Im Zusammenspiel mit der Suchfunktion bietet Excel 4 noch ein weiteres nützliches Datenbank-Feature: das Extrahieren von Datensätzen. Am einfachsten ist die Extrahieren-Funktion anhand eines Beispieles zu erklären. Aus unserer Lager-Tabelle sollen alle Artikel extrahiert werden, die nicht mehr am Lager sind und somit nachgeordert werden sollen. Dazu sind folgende Schritte notwendig:

- Definieren des Suchkriteriums
- Anlegen des Extrakt-Bereiches
- Extrahieren

1.Schritt:

Als erstes soll das Suchkriterium festgelegt werden. Nur Artikel, die nicht mehr am Lager sind, sollen aufgelistet werden. Schreiben Sie also z.B. in die Zelle F13 "Am Lager" und tragen Sie in F14 das Kriterium ein:

Suchkriterium festlegen

    < 1

Diese beiden Zellen markieren Sie dann und legen das Kriterium über *Daten/Suchkriterien festlegen* fest.

2.Schritt:

Als zweiter Schritt muß ein Bereich festgelegt werden, in den Excel die extrahierten Daten schreiben kann. Dazu benötigen Sie einen ausreichend großen Bereich unterhalb

Datenbanken

der alten Tabelle. Er sollte in der Breite so viele Spalten und in der Höhe in etwa so viele Zeilen enthalten, wie die Originaltabelle. In die erste neue Zeile kopieren Sie die Überschriften der einzelnen Spalten. Dazu können Sie sinnvollerweise *Ausschneiden & Einfügen* aus dem Kontext-Menü der rechten Maustaste benutzen.

Daraufhin markieren Sie den gesamten leeren Bereich mit den Überschriften und rufen abschließend die Funktion *Daten/Zielbereich festlegen* auf. Somit sind alle Kriterien, Bereiche usw. definiert, und Sie können über *Daten/Suchen und Kopieren* die Extrahierung einleiten.

3. Schritt:

Excel extrahiert nun alle dem Suchkriterium entsprechenden Datensätze und schreibt sie in die als Extrakt-Bereich definierten Zellen.

Überlauf

Reicht der markierte Bereich nicht, warnt Excel mit einer Dialogbox.

Unterhalb der Original-Tabelle sind nun alle Artikel aufgeführt, die nicht mehr am Lager sind:

	A	B	C	D	E	F	G	H
5	Gehäuse Tower	3013	200	290	1201/3	5	5	20
6	HD TS 1144a	1202	300	650	ST1144a	30	3	9
7	Maus GENUSSEN	1209	20	40	4402	0	30	200
8	MusicBlaster	1909	390	420	SBP/03	5	5	5
9	PictureBlaster	1910	699	820	VB/01	0	0	10
10	VGA TE4000	1503	100	200	ET4/01	20	5	10
11	XGA-Blaster	1911	699	830	VB/02	0	0	10
12								
13						Am Lager		
14						<1		
15	Artikelbezeichnung	Artikel Nr.	EK Preis	VK Preis	Bestell Nr.	Am Lager	Bestellt	Auftrag
16	Gehäuse AT	3014	100	200	1201/4	0	0	0
17	Maus GENUSSEN	1209	20	40	4402	0	30	200
18	PictureBlaster	1910	699	820	VB/01	0	0	10
19	XGA-Blaster	1911	699	830	VB/02	0	0	10

Abbildung 88: Extrahierte Daten

8.7 Funktionen in der Tabelle

Excel bietet Ihnen weiterhin die Möglichkeit, in der Tabelle Funktionen einzusetzen, die sich auf die Datenbank beziehen. Im Referenzteil finden Sie eine Übersicht über die wichtigsten Datenbankfunktionen, die Sie an einem vorangestellten "DB" erkennen.

Excel für Profis

9. Excel für Profis

In den vorangegangenen Kapiteln haben Sie viele der kaum zu überschauenden Excel-Funktionen kennengelernt. Leider kann im Rahmen einer Schnellanleitung nicht jedes Thema umfassend behandelt werden. Trotzdem soll in diesem Kapitel das eine oder andere weiterführende Thema beleuchtet werden, so daß Sie zumindestens wissen, worum es geht.

9.1 Symbolleiste verändern

Wie in eimem früheren Kapitel schon erwähnt, können die Symbolleisten, oder besser gesagt die Zusammensetzung der Symbolleisten, verändert werden. Dazu rufen Sie aus dem *Optionen*-Menü die Funktion *Symbolleisten.* auf.

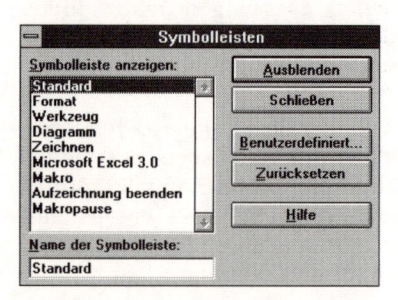

Abbildung 89: Symbolleisten-Dialog

Symbolleisten ein-/ausblenden

Auf der linken Seite dieses Dialoges sehen Sie unter *Symbolleiste anzeigen* die verfügbaren Leisten. Je nachdem, ob die Symbolleiste momentan auf dem Bildschirm zu sehen ist, ändert sich die Beschriftung der Schaltfläche *Einblenden* zu *Ausblenden*. Sie können mit dieser Schaltfläche also Symbolleisten ein- und ausblenden.

Mit der Schaltfläche *Benutzerdefiniert* können Sie die Symbolleiste dann verändern.

Excel für Profis

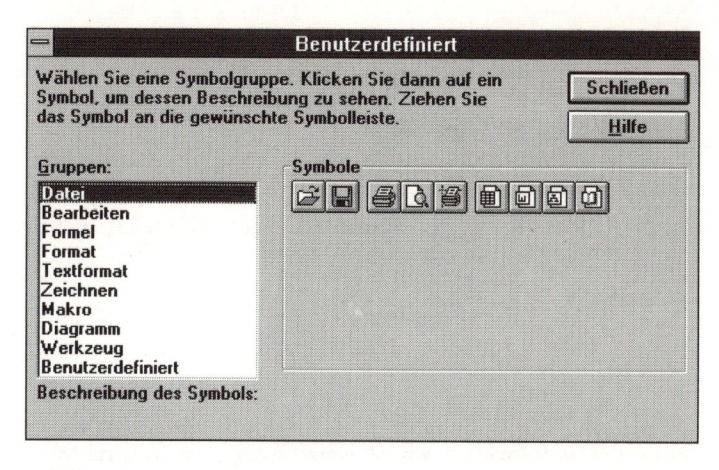

Abbildung 90: Symbolleiste ändern

In diesem Dialog können Sie unterhalb von *Gruppen:* wählen, aus welchem Bereich das Symbol stammt. Danach klicken Sie unterhalb von *Symbole* auf das gewünschte Symbol und ziehen es bei gedrückter linker Maustaste aus dem Dialog heraus in die gewünschte Symbolleiste (die eingeblendet sein muß!).

Symbol einfügen

Eine besondere Rolle spielt dabei die Gruppe *Benutzerdefiniert*. Die Symbole dieser Gruppe sind noch leer, haben also keine zugewiesene Funktion. Diese Symbole können mit Makros belegt werden. Wenn Sie also ein solches Symbol in eine Menüleiste ziehen, werden Sie per Dialogbox dazu aufgefordert, ein Makro zuzuweisen.

Möchten Sie ein Symbol wieder aus einer Symbolleiste entfernen, so können Sie es entweder per Maus wieder "herausziehen" oder im *Symbolleisten*-Dialog auf *Zurücksetzen* klicken.

Tip

9.2 Der Add-In-Manager

Excel ist erweiterungsfähig. Sogenannte Add-Ins vereinfachen bestimmte Aufgaben. Wenn Sie *Optionen/Add-In*

Manager aus der Menüleiste aktivieren, können Sie einige mitgelieferte Erweiterungen in Anspruch nehmen.

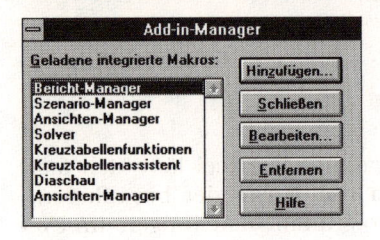

Abbildung 91: Der Add-In-Manager

Hinzufügen öffnet weitere Add-Ins, mit der *Bearbeiten*-Schaltfläche können Sie aus eigenen Makros Add-Ins konstruieren. *Entfernen* löscht eingefügte Add-Ins wieder.

Mitgeliefertes

Im Lieferumfang von Excel befinden sich bereits einige fertige Add-Ins. Darunter z.B. eine Dia-Show für Präsentationen, eine "Was-wäre-wenn"-Analyse etc. Leider reicht der Umfang dieser Schnellanleitung nicht, um auf diese nützlichen Tools einzugehen.

9.3 Zusatzprogramme

In Ihrer Excel-Programmgruppe finden sich neben dem eigentlichen Excel-Symbol noch die Programme Q+E und Dialogeditor.

Q+E

Datenbank & Co.

Passend zu den Datenbankfunktion von Excel existiert ein Zusatzprogramm namens Q+E, mit dem Sie externe Datenbanken bearbeiten können. Dabei werden Formate wie dBase, Oracle und auch die Abfragesprache SQL unterstützt und somit mit Excel kombiniert.

Dialog-Editor

Mit dem Dialog-Editor können Sie Dialoge, Nachfragen etc. konstruieren. Diese werden dann in Excel eingebunden und ermöglichen eine komfortablere Benutzerführung beim Einsatz eigener Makros.

9.4 Einstellungen

Ein so umfangreiches Programm wie Excel läßt sich fast immer in gewissen Punkten vom Anwender beeinflußen. Diese Bereiche nennt man Programmeinstellungen. Im *Optionen*-Menü existieren einige Funktionen, mit denen Sie Excel-Einstellungen beeinflußen können.

Bildschirmanzeige

Wenn Sie diese Funktion aufrufen, können Sie verschiedene Darstellungsparameter (Anzeige von Linien) etc. beeinflußen.

Farbpalette

Mit *Optionen/Farbpalette* können Sie die Excel-Farbeinstellungen verändern.

Berechnen

Mit *Optionen/Berechnen* verändern Sie Berechnungsparameter wie Genauigkeit, automatisches oder manuelles Ausrechnen etc.

Arbeitsbereich

Die *Arbeitsbereich*-Funktion wiederum legt Details in der Kompatibilität zu anderen Programmen etc. fest.

9.5 Weitere Funktionen

Mit *Optionen/Rechtschreibung* können Sie die Rechtschreibprüfung für einen markierten Text innerhalb der Tabelle auslösen.

Excel für Profis

Bildlauf

Neben dem Verschieben des Bildausschnitts "per Hand" können Sie auch die Funktion *Formel/Gehe zu* benutzen, um einen bestimmten Bereich der Tabelle anzuspringen.

Suchen/Ersetzen

Formel/Suchen sucht in der Tabelle nach bestimmten Inhalten, während *Formel/Ersetzen* Zellinhalte durch andere ersetzt.

9.6 Hilfe anwenden

Dem Windows-Konzept entsprechend bietet Excel eine umfassende Hilfe zu fast allen Themen. Mit *?/Übersicht* erhalten Sie eine Übersicht über die verfügbaren Themen, während Sie mit *?/Suchen* gezielt nach einem Thema suchen können.

Hilfe-Varianten

Besonders interessant ist aber die *Hilfe*-Schaltfläche in der Standard-Symbolleiste. Wenn Sie diese einmal anklicken, wechselt Excel in den Hilfe-Modus. Jede Schaltfläche und jedes Symbol, auf das Sie dann den Mauszeiger bewegen, wird in der Statuszeile kommentiert bzw. erläutert. Wenn Sie daraufhin eine Schaltfläche anklicken, wird nicht die Funktion ausgeführt, sondern das entsprechende Hilfe-Thema aufgerufen - diese Art von Hilfe wird übrigens kontext-sensitiv genannt.

Tip

Mit Hilfe des *?*-Symboles können Sie z.B. jedes Symbol der einzelnen Schaltflächen "erkunden".

10. Referenz

Neben der eigentlichen Bedienung, die Sie im Laufe des Buches kennengelernt haben, gibt es jedoch noch einiges zu berücksichtigen. Excel bietet eine große Zahl von Funktionen, Makros und ähnlichem. Diese Referenz stellt Ihnen all das übersichtlich zum Nachschlagen zur Verfügung.

10.1 Funktionen

Mathematische Funktionen

Funktion	Beschreibung
ABS(x)	Absolutwert von x.
BASIS(Zahl;Ziel;Genauigkeit)	Liefert *Zahl* in einer anderen Basis. Ziel=Neue Basis, Genauigkeit=Anzahl Stellen. "Zusätzliche Funktionen" muß über Setup installiert sein.
EXP(x)	Basis des natürlichen Logarithmus e hoch *x*.
FAKULTÄT(x)	Fakultät von *x*. Nachkommastellen werden ignoriert.
GANZZAHL(x)	Nächstkleinere Zahl von *x*.
KÜRZEN(x)	Ganzzahliger Teil von *x* (Nachkomma abschneiden).
LN(x)	Natürlicher Logarithmus von *x*.
LOG(Zahl,Basis)	Logarithmus von *Zahl* zu *Basis*.
LOG10(x)	Zehnerlogarithmus vom positiven *x*.
MDET(Feld)	Matrixdeterminante von *Feld*, *Feld* muß homogen sein.
MINV(Feld)	Liefert *Feld* invertiert zurück.

Referenz

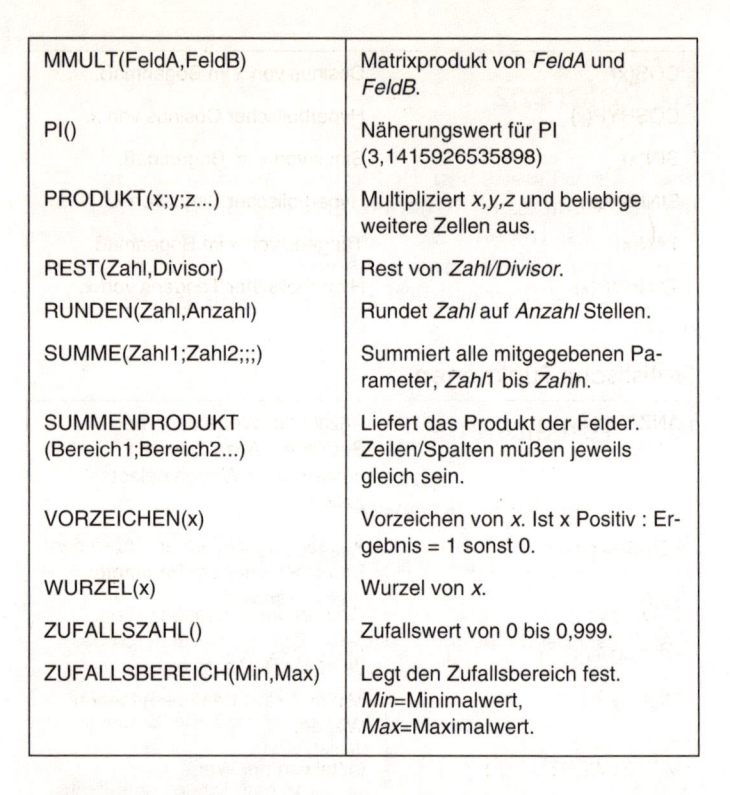

MMULT(FeldA,FeldB)	Matrixprodukt von *FeldA* und *FeldB*.
PI()	Näherungswert für PI (3,1415926535898)
PRODUKT(x;y;z...)	Multipliziert *x,y,z* und beliebige weitere Zellen aus.
REST(Zahl,Divisor)	Rest von *Zahl/Divisor*.
RUNDEN(Zahl,Anzahl)	Rundet *Zahl* auf *Anzahl* Stellen.
SUMME(Zahl1;Zahl2;;;)	Summiert alle mitgegebenen Parameter, *Zahl*1 bis *Zahl*n.
SUMMENPRODUKT (Bereich1;Bereich2...)	Liefert das Produkt der Felder. Zeilen/Spalten müßen jeweils gleich sein.
VORZEICHEN(x)	Vorzeichen von *x*. Ist x Positiv : Ergebnis = 1 sonst 0.
WURZEL(x)	Wurzel von *x*.
ZUFALLSZAHL()	Zufallswert von 0 bis 0,999.
ZUFALLSBEREICH(Min,Max)	Legt den Zufallsbereich fest. *Min*=Minimalwert, *Max*=Maximalwert.

Trigonometrische Funktionen

ARCCOS(x)	Arkussinus von *x* im Bogenmaß zwischen 0 und Pi.
ARCCOSHYP(x)	Kehrwert des hyperbolischen Cosinus von *x*.
ARCSIN(x)	Arcussinus von *x* im Bogenmaß.
ARCSINHYP(x)	Kehrwert des hyperbolischen Sinus.
ARCTAN(x)	Arcustangens von *x* im Bogenmaß.
ARCTAN2(x,y)	Arcustangens aus den Koordinaten *x/y* im Bogennmaß (Winkel zwischen X-Achse und *x/y*).
ARCTANHYP(x)	Kehrwert des hyperbolischen Tangens von *x*.

Referenz

COS(x)	Cosinus von *x* im Bogenmaß.
COSHYP(x)	Hyperbolischer Cosinus von *x*.
SIN(x)	Sinus von x im Bogenmaß.
SINHYP(x)	Hyperbolischer Sinus von x.
TAN(x)	Tangens von *x* im Bogenmaß.
TANHYP(x)	Hyperbolischer Tangens von *x*.

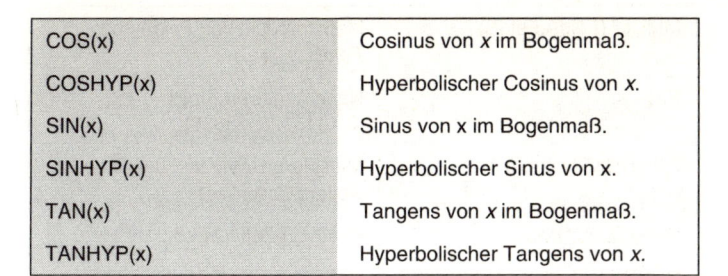

Statistische Funktionen

ANZAHL(x,y;...)	Anzahl der Werte oder, bei Bereichen, Anzahl der mit numerischen Werten belegten Zellen.
ANZAHL2(x,y;...)	Anzahl der nicht leeren Zellen des Bereiches oder der Parameter.
MAX (x,y;...)	Größter der angegeben Werte.
MEDIAN(x,y;...)	Median der Werte.
MIN(x,y;...)	Minimum aus den übergebenen Werten.
MITTELWERT(x,y;...)	Mittelwert der Werte.
RGP(BekanntXWerte, BekanntYWerte,Set,Mat)	Ergebnis der Exponentialkurve der Formel y=m*x+b. m=Steigung, b=Schnittpunkt y-Achse. Wenn Set=FALSCH, dann b=0. Wenn Mat=WAHR ist, wird eine umfangreiche Matrix erzeugt.
RKP(BekanntX, BekanntYWerte,Set,Mat)	Ablauf wie RGP, jedoch auf Basis der Formel y=b*m^x.
STABW(x,y;...)	Standardabweichung berechnen. Ergebnis = Streuung.
STABWN(x,y;...)	Standardarbweichung, Ergebnis = systematische Fehler n.
SUMME(x,y;...)	Summiert die angegebenen Parameter.
TREND(BekanntXWerte;	Werte der Linearkurve nach

Referenz

BekanntYWert;NeuXWerte)	y=m*x+b berechnen. Parameter wie bei RKP.
VARIANZ(x;y)	Schätzung der Varianz einer Grundgesamtheit mit Hilfe einer Werte-Stichprobe.
VARIANZEN(x;y);	Genaues Ergebnis der Varianz. Alle Werte müssen vorliegen.
VARIATION(BekanntYWerte;) BekanntXWerte;NeuXWerte	Ergebnius der Exponentialkurve nach y=b*m^x. Parameter wie RKP.

Finanzmathematische Funktionen

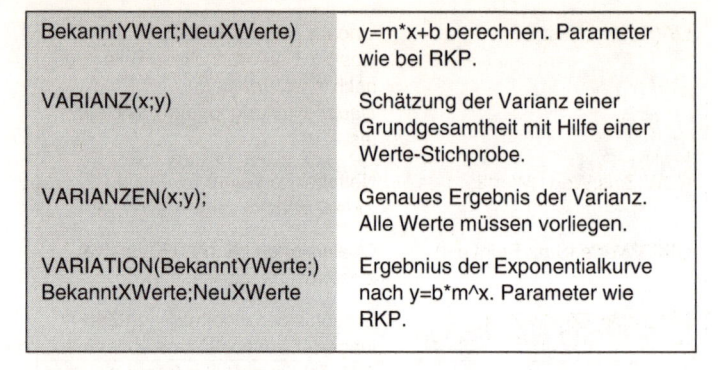

BW(Zins;ZZr;Rmz;Zw;F)	Aktueller Restwert einer Investition. *Zins*=Zinssatz (als Dezimalzahl!), *ZZr*=Anzahl der Zahlungen, *Rmz*=Zahlungsbetrag, *F*=Fälligkeit.
DIA(Kosten;Rest;Dauer;Zr)	Digitale Abschreibung *Kosten*=Anschaffungswert, *Rest*=Restwert, *Dauer*=Nutzungsdauer, *Zr*=Zeitraum. Amerikanisches Abschreibungssystem.
GDA(Kosten;Rest;Dauer;Zr)	Degressiver Abschreibungswert (Anlageobjekt). *Zr*=Zeitraum, *Kosten*=Anschaffungswert, *Rest*=Restwert, *Dauer*=Nutzdauer.
GDA2(Kosten;Rest;Dauer;Zr;Monate)	Geometrisch Degressiver Abschreibungswert für einen Zeitraum (Aktivposten). *Zr*=Zeitraum, *Kosten*=Anschaffungswert, *Rest*=Restwert, *Dauer*=Nutzdauer, *Monate*=Monate im ersten Jahr.
IKV(Werte;Schätzung)	Kapitalsverzinsungssatz als Cashflow. *Schätzung* als Vorgabe 0.1 = 10%.
KAPZ(Zins;Zr;Zzr;Bw;Zw;F)	Kapitalzahlung im Zeitraum *Zr* für eine Investition auf der Basis von regelmäßigen, konstanten Zahlungen.

Referenz

LIA(Kosten;Rest;Dauer)	Lineare Abschreibung. *Kosten*=Kaufpreis, *Rest*=Restwert nach Abschreibung, *Dauer*=Nutzungsdauer des Objektes.
NBW(Zins;Wert1;Wert2;...)	Nettobarwert einer Investition. *Zins*=Zinssatz.
QIKV(Werte;ISatz;Reinvest)	Qualifizierten internen Kapitalverzinsungssatz als Cashflow.
RMZ(Zins;ZZr;Bw;Zw;F)	Ergebnis der regelmäßigen Zahlungen (Cashflow). *Zins*=Zinsen, *ZZr*=Zahlungen, *Bw*=Barwert, *Zw*=zukünft.Wert, *F*=Fälligkeit.
VDB(Kosten;Rest;Dauer, Zeit_Anfang,Zeit_Ende; Faktor;KÄnderung)	Ähnlich GDA(), jedoch für kurzen Zeitraum (*Zeit_Anfang,Zeit_Ende*). *Faktor*=Abschreibungsrate. *KÄnderung*=WAHR, Lineare Abschreibung, wenn lukrativer.
Zins (ZZr;Rmz;Bw;Zw;F;) Schätzwert	Zinssatz einer Investition. *ZZr*=Zahlungen, *Rmz*=Zahlbetrag, *Bw*=Barwert, *Zw*=Zukünftiger Wert,*F*=Fälligkeit.
ZINSZ(Zins;Zr;ZZr;Bw;Zw;F)	Zinszahlungen in einem Zeitraum bei konstanten Zinssatz (s.o.)
ZW(Zins;ZZr;Rmz;Bw;F)	Zukünftiger Wert einer Investition. *Zins*=Zinssatz, *ZZr*=Zeitraum, *Rmz*=Zahlungen,*Bw*=Barwert, *f*=Fälligkeit.
ZZR(Zins;Rmz;Bw;ZwF)	Anzahl der Zahlungen für eine Investition. *Zins*=Zinssatz, *Rmz*=Zahlungen, *Bw*=Barwert, *Zw*=Künftiger Wert, *F*=Fälligkeit.

Datums- und Zeitfunktionen

TAGE360(DatumA;DatumB)	Anzahl der Tage zwischen *DatumA* und *DatumB* auf Basis von Jahr=360 Tage.
DATUM(Jahr;Monat;Tag)	Serielle Zahl aus *Jahr,Monat,Tag*.

Referenz

DATWERT(Text)	Serielle Zahl von Text-Datum (z.B. 1.Aug. 78).
HEUTE()	Serieller Wert des heutigen Datums.
JETZT()	Serielle Zahl des aktuellen Datums und der aktuellen Uhrzeit.
ZEIT(Stunde;Minute;Sekunde)	Serielle Zahl der angegebenen Uhrzeit *Stunde,Minute,Sekunde*.
ZEITWERT(Text)	Serielle Zeit von *Text*.
JAHR(SZahl)	Jahr der seriellen Zahl *SZahl*.
MINUTE(SZahl)	Minute von *SZahl*.
MONAT(SZahl)	Monat von *SZahl*.
SEKUNDE(SZahl)	Sekunden von *SZahl*.
STUNDE(SZahl)	Stunden von *SZahl*.
TAG(SZahl)	Tag des Monats von *SZahl*.
WOCHENTAG(SZahl)	Wochentag von *SZahl*.

Datenbankfunktionen

DBANZAHL(Datenbank;Feld;Suchkriterien)	Anzahl der Werte von *Datenbank*. *Datenbank*=Bereich mit Daten, *Feld*=Zielfeld für Ergebnis, *Suchkriterien*=Bereich mit Suchkriterien.
DBANZAHL2(Datenbank;Feld;Suchkriterien)	Liefert die Zahl der mit *Suchkriterien* übereinstimmenden Felder in *Datenbank*.
DBAUSZUG(Datenbank;Feld;Suchkriterien)	Wert eines Feldes, das *Suchkriterium* entspricht
DBMAX(Datenbank;Feld;Suchkriterien)	Wie DBAUSZUG, jedoch wird größte Zahl geliefert.
DBMIN(Datenbank;Feld;Suchkriterien)	Wie DBMAX, jedoch wird kleinster Wert geliefert.
DBMITTELWERT(Datenbank;Feld;Suchkriterien)	Mittelwert aller Felder die *Suchkriterien* entsprechen.

Referenz

DBPRODUKT(Datenbank;Feld; Suchkriterien)	Wie DBMITTELWERT, jedoch wird das Produkt geliefert.
DBSTDABW(Datenbank;Feld; Suchkriterien)	Standardabweichung einer Grundgesamtheit in der Datenbank (Zellen müßen den *Suchkriterien* entsprechen).
DBSTDABWN(Datenbank;Feld; Suchkriterien)	Wie DBSTDABW, jedoch wird wird die ganze Grundgesamtheit einbezogen.
DBSUMME(Datenbank;Feld; Suchkriterien)	Summe aller Zahlen in *Datenbank*, die den *Suchkriterien* entsprechen.
DBVARIANZ(Datenbank;Feld; Suchkriterien)	Schätzung der Varianz aufgrund einer Stichprobe.
DBVARIANZEN(Datenbank; Feld;Suchkriterien)	Wie DBVARIANZ, jedoch statt Stichprobe Grundgesamtheit.
KREUZTABELLE()	Definiert Struktur und Inhalt einer Kreuztabelle (Assistent verwenden).

Logische Funktionen

FALSCH()	Wahrheitswert FALSCH.
NICHT(Wert)	Invertiert den Wahrheitswert *Wert*.
ODER(Wert1;WertN)	Liefert WAHR, wenn mindestens ein Argument *Wert1-WertN* WAHR ist (logisches Oder).
UND(Wert1;WertN)	Liefert WAHR, wenn alle Argumente WAHR sind.
WAHR()	Liefert WAHR.
WENN(Formel;Resultat; Alternativ)	Liefert *Resultat* wenn *Formel* WAHR ist, sonst wird *Alternativ* geliefert.

Informationsfunktionen

INFO(Code)		Informationen über Ihre System- oder Arbeitsumgebung. Mögliche *Code*s: *Verzeichnis*=Pfad aktuelles Verzeichnis, *Verfspeich*=Speicher in Bytes, *Dateienzahl*=Aktive Tabellen, *Sysversion*=Betriebssystemversion, *Rechen-Modus*=Berechnungs-Modus, *Version*=Excel Version, *System*=OS-Name, *Gesamtspeich*=Gesamter Speicher, *Benutzspeich*=Arbeitsspeicher mit Daten, *Ursprung*=Ursprungszelle.
ZELLE(Info,Zelle)		Informationen über die aktuelle Zelle (wenn *Zelle* nicht angegeben). *Info*-Arten: *Adresse*=Zelladresse, *Breite*=Zellbreite in Pkt., *Dateiname*=Name der Tab-Datei, *Farbe*=1 wenn negative Werte rot sind, *Format*=Zellformat, *Inhalt*=Zellinhalt, *Klammern*=1 wenn Klammerung in Zelle, *Präfix*=Ausrichtung, *Schutz*=0 wenn Zelle frei, *Spalte*=Zellspalte, *Typ*=Datentyp, *Zeile*=Zellzeile.
ISTBEZUG(Wert)		WAHR, wenn *Wert* Bezug ist.
ISTFEHL(Wert)		WAHR, wenn *Wert* ein Fehlercode ist (<>#NV).
ISTFEHLER(Wert)		WAHR, wenn *Wert* ein Fehlercode ist (alle Fehler).
ISTKTEXT(Wert)		WAHR, wenn *Wert* kein Text ist.
ISTLEER(Wert)		WAHR, wenn *Wert* eine leere Zelle ist.
ISTLOG(Wert)		WAHR, wenn *Wert* eine Wahrheitswert ist.
ISTNV(Wert)		WAHR, wenn *Wert* der Fehlercode #NV (Wert nicht verfügbar) ist.
ISTTEXT(Wert)		WAHR, wenn *Wert* ein Text ist.

Referenz

ISTZAHL(Wert)	WAHR, wenn *Wert* eine Zahl ist.
N(Wert)	Umwandlung. Wenn Wert=Zahl, dann Rückgabe Zahl, Wert=Datum, dann serielle Zahl als Rückgabe
NV()	Wert nicht vorhanden (Platzhalter).
TYP(Wert)	Liefert Typ von *Wert*. 1=Zahl, 2=Text, 4=Wahrheitswert, 16=Fehlercode, 64=Feld.

Such- und Feldfunktionen

ADRESSE(Zeile;Spalte; Abs;A1;Tabname)	Liefert Zelladresse aus *Zeile/Spalte*. Abs: 1=Absolut, 2=Zeile abs./Spalte rel.3=Zeile rel./Spalte abs.,4=Relativ. Wenn A1=FALSCH, dann Rückgabe in Z1S1-Schreibweise. *Tabname*=Externe Referenz.
BEREICH.VERSCHIEBEN (Bezug;Zeilen;Spalten; Höhe;Breite)	Bezug auf *Höhe/Breite* verschoben um *Zeilen/Spalten* gegenüber *Bezug*.
BEREICHE(Bezug)	Anzahl der Bereiche im *Bezug*.
INDEX(Bezug;Zeile;Spalte; Bereich)	Liefert den Bezug auf die Zelle innerhalb von *Bezug*.
INDEX (Feld;Zeile;Spalte)	Liefert den Wert der angegebenen Zelle oder des angegebenen Feldes.
INDIREKT(Bezug;A1)	Inhalt der Zelle. *Bezug*=Adresse/Name, *A1*=Schalter für Z/S-Modus.
MTRANS(Feld)	Transponiert *Feld*.
SPALTE(Bezug)	Spalte von *Bezug*.
SPALTEN(Feld)	Anzahl Spalten in *Feld*.
SVERWEIS(Suchkriterium; OpFeld;SpaltenIndex)	Sucht im *Feld* nach einer Zeile, in deren ersten Spalte *Suchkriterium* steht, geht dann *SpaltenIndex* nach rechts und liefert den Wert.

Referenz

VERGLEICH(Suchkriterium; Feld;Typ)	Liefert relative Position einer Zelle in *Feld* das *Suchkriterium* entspricht. Typ=1 größten Wert suchen, für den gilt Wert<=Suchkrit. Typ=-1 Wie 1, jedoch Wert>=Suchkrit. Typ=2 wie 1/-1 jedoch Wert=Suchkrit.
VERGLEICH2(Suchkriterium; Feld;Typ)	Wie Vergleich, jedoch nur in sortierten Feldern.
VERWEIS(Suchkriterium; Suchvektor;Ergebnisvektor)	Sucht in *Suchvektor* nach *Suchkriterium* und schreibt Ergebnis in *Ergebnisvektor* (Vektor=Einspaltiges Feld).
WAHL(Index;Wert1;WertN)	Wählt aus der Liste der Argumente *Wert1-WertN* über *Index* einen Wert aus.
WVERWEIS(Suchkriterium; Feld;Zeilenindex)	Sucht in *Feld* nach *Suchkriterium*, geht dann *Zeilenindex* Zeilen nach unten und liefert den Wert.
ZEILE(Bezug)	Liefert die Zeilennummer von *Bezug*.
Zeilen(Feld)	Anzahl der Zeilen in *Feld*.

Textfunktionen

CODE(Text)	ANSI-Code von *Text*.
DM(Zahl;Dez)	Wandelt *Zahl* in eine Währung um, berücksichtigt dabei *Dez* Dezimalstellen.
ERSETZEN(TextAlt;Anfang; Zahl;TextNeu)	Löscht in *TextAlt* an der Position *Anfang* die Anzahl *Zahl* Zeichen und ersetzt durch *TextNeu*.
FEST(Zahl;Dez;KPunkt)	Rundet Zahl auf *Dez* Dezimalstellen, wandelt in Text. Wenn *KPunkt*=WAHR wird kein Dezimalpunkt gesetzt.
FINDEN(SuchT;Text;Anfang)	Sucht *SuchT* ab Position *Anfang* in *Text*.

Referenz

GLÄTTEN(Text)	Liefert *Text* ohne Leerzeichen (außer einem zwischen Wörtern).
GROSS(Text)	Wandelt alle Wortanfänge in *Text* in Großbuchstaben, den Rest in Kleinbuchstaben um.
GROSS2(Text)	Wandelt alle Buchstaben in Großbuchstaben um.
IDENTISCH(Text1;Text2)	Liefert WAHR wenn *Text1=Text2* (mit Groß/Kleinschreibung).
KLEIN(Text)	Wandelt alle Buchstaben in *Text* in Kleinbuchstaben um.
LÄNGE(Text)	Liefert die Länge von *Text*.
LINKS(Text;X)	Liefert *X* Zeichen aus *Text*, von Links an.
RECHTS(Text;X)	Liefert *X* Zeichen aus *Text*, von Rechts an.
SÄUBERN(Text)	Entfernt alle nicht druckbaren Zeichen aus *Text*.
SUCHEN(SuchT;Text;Anfang)	wie FINDEN, jedoch wird nicht zwischen Groß/Kleinschreibung unterschieden.
T(Wert)	Liefert den Text, auf den sich *Wert* bezieht (nur aus Kompatibilitätsgründen vorhanden).
TEIL(Text;Position;X)	Liefert X Zeichen aus Text, von Position an.
TEXT(Text;Format)	Formatiert *Text* mit *Format*.
WECHSELN(Text;Alt;Neu;X)	Wechselt in *Text* das Textmuster *Alt* gegen *Neu* aus. Wird *X* angegeben, wird das maximal *X*-mal durchgeführt.

10.2 Tastaturkombinationen

Neben dem Einsatz der Menüs lassen sich praktisch alle Funktion auch über Tastenkombinationen bedienen:

Referenz

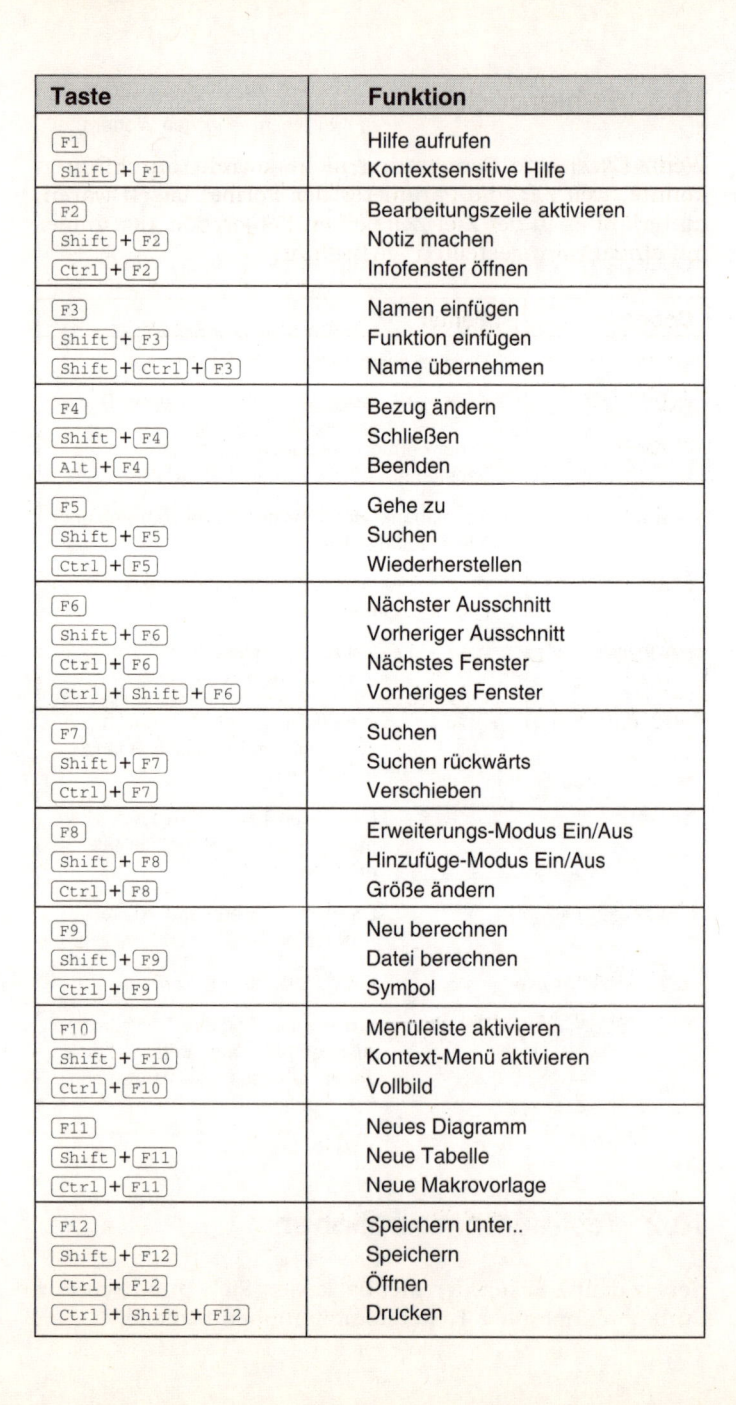

Taste	Funktion
`F1`	Hilfe aufrufen
`Shift`+`F1`	Kontextsensitive Hilfe
`F2`	Bearbeitungszeile aktivieren
`Shift`+`F2`	Notiz machen
`Ctrl`+`F2`	Infofenster öffnen
`F3`	Namen einfügen
`Shift`+`F3`	Funktion einfügen
`Shift`+`Ctrl`+`F3`	Name übernehmen
`F4`	Bezug ändern
`Shift`+`F4`	Schließen
`Alt`+`F4`	Beenden
`F5`	Gehe zu
`Shift`+`F5`	Suchen
`Ctrl`+`F5`	Wiederherstellen
`F6`	Nächster Ausschnitt
`Shift`+`F6`	Vorheriger Ausschnitt
`Ctrl`+`F6`	Nächstes Fenster
`Ctrl`+`Shift`+`F6`	Vorheriges Fenster
`F7`	Suchen
`Shift`+`F7`	Suchen rückwärts
`Ctrl`+`F7`	Verschieben
`F8`	Erweiterungs-Modus Ein/Aus
`Shift`+`F8`	Hinzufüge-Modus Ein/Aus
`Ctrl`+`F8`	Größe ändern
`F9`	Neu berechnen
`Shift`+`F9`	Datei berechnen
`Ctrl`+`F9`	Symbol
`F10`	Menüleiste aktivieren
`Shift`+`F10`	Kontext-Menü aktivieren
`Ctrl`+`F10`	Vollbild
`F11`	Neues Diagramm
`Shift`+`F11`	Neue Tabelle
`Ctrl`+`F11`	Neue Makrovorlage
`F12`	Speichern unter..
`Shift`+`F12`	Speichern
`Ctrl`+`F12`	Öffnen
`Ctrl`+`Shift`+`F12`	Drucken

10.3 Fehlercodes

Wenn Excel eine Berechnung nicht korrekt durchführen konnte, weil z.B. die Parameter der Formel falsch waren, hinterläßt es in der Ziel-Zelle einen Fehlercode, der immer mit einem vorangestellten "#" beginnt:

Code	Fehler
#DIV/0	Division durch Null aufgetreten.
#NV!	Wert nicht verfügbar.
#NAME?	In der Formel verwendeter Name ist unbekannt.
#NULL!	Schnittpunkt wurde bestimmt, an dem sich aber keine Daten schneiden.
#ZAHL!	Problem mit einer Zahl trat auf (zu groß, falsches Format o.ä.).
#BEZUG!	Bezug auf eine Zelle ist falsch.
#WERT!	Falsches Zahlenformat in der Berechnung.

Stichwortverzeichnis

Adressieren 21
Änderungen speichern 40
Arbeitsmappen 116
Ausrichtung 46
Autoformatieren 73
Autoausfüllen 113

Bearbeiten/Unten ausfüllen 39
Bearbeiten/Inhalte löschen 37
Bearbeiten/Rechts ausfüllen 39
Bearbeiten/Rückgängig 70
Bearbeiten/Wiederholen Suchen 133
Bearbeiten/Zellen einfügen 28
Bearbeiten/Zellen löschen 27
Beispielanzeige 45
Bereiche benennen 55

Darstellung 41, 46
Datei/Arbeitsmappe 116
Datei/Arbeitsmappe speichern 119
Datei/Drucken 104
Datei/Neu 22
Datei/Öffnen 42, 94, 119
Datei/Seite einrichten 102
Datei/Seitenansicht 99
Datei/Speichern 40
Datei/Speichern unter.. . . . . 31, 94
Datei/Verknüpfte Dateien öffnen 94
Dateischutz 108
Daten/Datenbank festlegen 125
Daten/Suchen und Kopieren 134
Daten/Löschen 133
Daten/Reihe berechnen 112
Daten/Suchen 132
Daten/Suchkriterien festlegen 132, 133
Daten/Zielbereich festlegen 134
Datenbank
    Extrahieren 133

Stichwortverzeichnis

    Felder 124
    Neuer Satz 127
    Satz anwählen 126
    Satz Löschen 127
    Sortieren 130
    Suchen 127
Datenbankfunktion 124
Diagramm/Diagrammfläche auswählen 95
Diagramm
    Beschriftungen 90
    Editor 93
    laden 94
    Legende 91
    speichern 94
    Titel 91
    Typ ändern 94
    vergrößern/verkleinern 92
    verschieben 92
Diagramm/Datenreihen bearbeiten 95
Diagramm/Diagramm auswählen 95
Diagramm/Pfeil einfügen 95
Diagramm/Text zuordnen 94
Diagrammassistent 86

Eingabe bestätigen 26
Eingabecursor 23
Eingabezeile 17

Feld eingeben 25
Fenster 18
Fenster/Anordnen 114
Fenster/ausblenden 114
Fenster/einblenden 114
Fenster/Neues Fenster 114
Fenster/Teilen 115
Fenster/Zoom 115
Format/Schriftart 50
Format/Zeilenhöhe 30
Format/Ausrichtung 46
Format/Muster 52
Format/Objekt schützen 107
Format/Rahmen 52

Stichwortverzeichnis

Format/Schriftart 49, 68
Format/Spaltenbreite 30
Format/Zahlenformat 42
Format/Zahlenformat 46, 60
Formel/Funktion einfügen 58
Formel/Ersetzen 140
Formel/Gehe zu 140
Formel/Name festlegen 63, 64
Formel/Namen festlegen 62
Formel/Suchen 140
Formeln 41, 53
Funktion einfügen 58
Funktionen 141

Gescrollt 24
Grafikelement 82
Grafische Gestaltung 72

Hilfe-Modus 140

Installation 12

Kassettenrecorder 110
Kolonne eingeben 35
Kontext-sensitiv 140

Makro 120
Makro/Aufzeichnung beenden 121
Makro/Aufzeichnung beginnen 120
Makro/Ausführen 121
Makro/Objekt 122
Makros 141
Markieren 35
Menü 17
Menüleiste 16
Minimieren 19
Mit der Tastatur markieren 36
Muster/3D-Ansicht 97

Namen generieren 66

Stichwortverzeichnis

Object Linking and Embedding 83
Objekt greifen 80
OLE 83
Optionen/Add-In 138
Optionen/Arbeitsbereich 139
Optionen/Berechnen 139
Optionen/Bildschirmanzeige 139
Optionen/Datei schützen 108
Optionen/Farbpalette 139
Optionen/Rechtschreibung 140

Paletten-Schaltfläche 82

Reihe berechnen 111
Relative Adressierung 60
Rückgängig 70

Schaltfläche 19
Schrift 49
Schriftstil 49
Seitenvorschau 99
    Nächste/Vorhergehende Seite 100
    Vergrößern 100
Sogenannte 55
Sortierschlüssel 131
Speichern unter 31
Statuszeile 17
Symbolleiste 16, 76
Symbolleiste ändern 136
Systemmenü 19

Tabelle 17
Tabelle laden 41
Text-Box 79
Text-Schaltfläche 79
Tonnotiz 110

Verschieben und Kopieren 39
Vollbild-Schaltfläche 20

Wildcards 129

Stichwortverzeichnis

Zahlenformat 41
Zahlenformat definieren 45
Zahlenformat einer Zelle 42
Zahlenformat für einen Bereich 46
Zeichnen 76
Zelle editieren 26
Zelle löschen 27
Zellen 21
Zellen vervielfältigen 38
Zellengröße ändern 29
Zellschutz 107
Zoom 115
Zwischenablage 37

Vielen Dank!

Wenn Sie Ihr Buch nicht von hinten nach vorne studieren, dann haben Sie jetzt den ganzen Band gelesen und können ihn an Ihren eigenen Erwartungen messen.

Schreiben Sie uns, wie Ihnen das Buch gefällt, ob der Stil Ihrer "persönlichen Ader" entspricht und welche Aspekte stärker oder weniger stark berücksichtigt werden solllten.

Natürlich müssen Sie diese Seite nicht herausschneiden, sondern können uns auch eine Kopie schicken; für längere Anmerkungen fügen Sie einfach ein weiteres Blatt hinzu. Vielleicht haben Sie ja auch Anregungen für ein neues Buch oder ein neues Programm, das Sie selbst schreiben möchten.

Wir freuen uns auf Ihren Brief!

Mein Kommentar: _____

_____

_____

_____

❑ Ich möchte selbst DATA-BECKER-Autor werden.
    Bitte schicken Sie mir Ihre Informationen für Autoren.

Name _____

Straße _____

PLZ Ort _____

Ausschneiden oder kopieren und einschicken an:
DATA BECKER, Abteilung Lektorat
Merowingerstr. 30, 4000 Düsseldorf 1

DATA BECKER

PC Praxis: Ihr zuverlässiger Partner

Ob Einsteiger, Fortgeschrittener oder Profi – wer die neuesten Entwicklungen auf dem PC-Markt miterleben will, der liest die PC Praxis.

Monat für Monat finden Sie hier das Know-how, das Sie sofort nutzen können. Unter Rubriken wie Praxis-Tests, DOS-Praxis, Software, Hardware, Windows-Praxis bekommen Sie alle Informationen rund um den Personal Computer.
Immer verbunden mit zahlreichen praktischen Tips und Tricks. Dazu aktuelle Berichte, unabhängige Produkt-Tests, gut recherchierte Hintergrundberichte usw. usw.
Das ist PC-Praxis in Reinform.

Holen Sie sich diese Praxis! Monat für Monat neu im Zeitschriftenhandel.

- Praxis-Tests
- Hardware und PC Tuning
- DOS-Praxis
- Software
- Windows-Praxis
- Aktuelles, Shareware u.v.a.m.